KB089932

1% 더 삶을 풍요롭게 만드는 대화법

사람을 얻는 대화

1% 더 삶을 풍요롭게 만드는 대화법

사람을 얻는 대화

김현아 지음

레몬북스
lemon books

들어가는 말

    내가 좋아하는 것과 잘하는 것, 그리고 앞으로 하고 싶은 것들에 대해서 적을 일이 있었다. 그런데 무심코 적은 내용을 보고 깜짝 놀랐다. 잘하는 것은 글쓰기와 말하기를 통해 내 생각을 표현하는 것이고 좋아하는 것은 책을 읽는 것과 사람들과 수다 떠는 것이었다. 마지막으로 하고 싶은 일은 내 글을 세상에 알리는 작가가 되는 것이라고 적은 것이다. 오랜 시간 동안 작가라는 꿈을 가지고 살아온 것이 어쩌면 당연한 일이라는 생각이 들었다.

    나는 굉장한 수다쟁이이다. 한 번 전화기를 잡으면 누구와 통화를 하든 2시간가량 떠들어야 하는 사람이다. 이상하게도 평소 전화 통화를 길게 하지 않는 사람도 나와 이야기를 나누면 시간 가는 줄 모른다고 한다. 그래서 원고를 집필하는 동안 전화기가 가장 큰 방해꾼이 되기도 했다. 심지어 어떤 날에는 무음으로 바꿔놓고 원고를 쓰기도 했다.

이런 성격이기에 사람들은 내가 누구와도 다 잘 지낼 것이라 생각한다. 하지만 실상은 그렇지도 않다. 나는 한 번 친해진 사람과는 깊은 인간관계를 유지하지만 처음 친해지기까지 시간이 적잖게 걸리는 편이다. 그래서 어린 시절에는 늘 어떻게 하면 친구들과 잘 지낼 수 있을지에 대해 고민을 해야 했다.

더욱이 다른 사람들이 보기에 평범해 보이지 않을 수 있는 내가 평범하게 사람들에게 다가가기란 쉬운 일이 아니었다. 그래서 나는 사람들이 나에게 다가와 주기를 기다리던 모습에서 벗어나 내가 먼저 다가갈 수 있는 방법을 찾았다.

그렇게 다른 사람과 이야기하는 것의 중요성을 알아갔던 것 같다. 그리고 어떻게 하면 대화를 잘할 수 있을지 늘 고민했다. 한마디로 사람들 사이에서 외톨이가 되지 않기 위해 선택한 방법이 대화였던 것이다. 그러면서 자연스럽게 진솔한 대화의 소중함을 저절로 알게 되었다.

사람들은 몇 마디 이야기를 나누다 보면 앞에 앉은 사람이 나에게 진심으로 이야기하는 것인지, 가식을 떨고 있는 것인지 금방 알아차린다. 물론 사람마다 차이는 있겠지만 아무리 둔한 사람도 결국에는 깨닫게 되기 마련이다. 그래서 나는 사람들에게 진실성을 가지고 다가가려 노력했다. 나와 이야기를 하는 그 순간만큼은 그들에게 집중을 하려고 했다. 이 책에는 나의 그런 이야기들이 고스란히 담겨 있다.

대화를 잘하는 방법에 대해서만 이야기하고 싶지 않았다. 그런 것들에 대한 이야기는 이미 우리 주변에 많이 알려져 있기 때문이다. 나는 내가 보고, 듣고, 경험했던 이야기들을 함께 나누고 싶었다. 그래서 나처럼 표현에 서툴렀던 사람들도 조금씩 다른 이에게 다가갈 수 있는 용기를 주고 싶었다.

사람들은 흔히 '역지사지'라는 말을 많이 사용한다. 하지만 정말로 상대의 마음이 되어 그의 입장을 이해할 수 있는 사람이 몇 명이나 될까? 나는 많지 않을 것이라 생각한다. 아니 아예 없을 수도 있다. 우리는 누군가가 될 수 없는데 그들의 마음을 이해한다는 것은 정말 어려운 일이다. 다만 우리가 할 수 있는 것은 내 경험에 비추어 그들이 어떤 생각을 하고 있는지 짐작하는 것, 그것이 우리가 할 수 있는 최선이다. 그러다 보면 어느 순간 그들의 마음이 이해되는 때가 다가오는 것 아닐까.

대화에서 중요한 것은 첫째, 지금 내가 어떤 생각을 하고 있는지 알아야 한다. 바쁘게 살아가다 보면 사람의 감정은 무뎌지게 된다. 그렇다 보니 내가 어떤 생각을 하고 있는지, 어떤 느낌을 가지고 있는지 알아차리지 못할 때가 많다. 그래서 우리는 자신의 마음을 먼저 돌아볼 줄 알아야 한다.

그리고 둘째, 내가 생각하는 것을 상대에게 솔직하게 전달해야 한다. 솔직함이 없는 대화를 진짜 대화라고 말하기는 어려울 것 같다. 진심을 담아 말을 하면 단 한 마디여도 상대의 마음이 전해지지만 진심 없는 대화는 오히려 빨리 지나가 버렸으면 하는 지겨운 시간일 뿐이다.

6

마지막으로 셋째는 내 마음을 나타낼 수 있는 적절한 표현을 사용할 줄 알아야 한다. 이것은 꾸준한 연습을 통해서만 가능하다. 그렇기에 나는 처음 몇 번 시도하고서 '역시 나는 다른 사람과 잘 어울릴 수 없어.' 하면서 포기하지 말라고 말하고 싶다. 다양한 사람과 이야기를 나누다 보면 다양한 표현을 사용해야 하고 같은 표현이라 할지라도 받아들이는 사람에 따라 또 다른 의미가 된다. 그래서 우리는 꾸준하게 사람들과 이야기를 나누며 상대에게 어울리는 나만의 표현을 찾아가야 한다.

예전에 비해 우리는 대화할 일이 많아지고 있다. 심지어는 목소리와 표정을 볼 수 없는 상황에서도 여러 메신저와 SNS를 통해 모르는 사람과도 소통을 하고 있다. 그래서 대화의 장은 더 넓어졌지만 대화를 어려워하는 사람들은 더 많아졌다. 나는 그런 사람들에게 도움을 주고 싶었다. 나도 누군가와 소통하는 것이 쉽지 않았던 한 사람으로서 나와 같은 어려움을 겪고 있는 사람들에게 내 이야기를 말해주고 싶었다.

이 책이 나오기까지 정말 많은 분들이 나에게 도움을 주셨다. 꿈으로만 가지고 있었던 작가라는 나의 목표를 이룰 수 있도록 이끌어주신 한국 책 쓰기 성공학 코칭 협회 김태광 총수님, 자신의 이야기를 아낌없이 말해주며 용기를 주셨던 임마이티 임원화 대표님, 원고가 잘 써지지 않을 때마다 조언을 해주셨던 eeroun company 양지숙 대표님께 감사함을 전한다. 이분들이 계셨기 때문에 원고를 완성할 수 있었다. 그리고 한책협의 모든 작가님들께도 이 지면을 빌려 감사함을 전하고 싶다. 부족한 글 예쁘게 다듬어 주고 멋진 책으로 출간해 주신 우리 레몬북스 식구들에게도 감사함을 전한다.

절대 빼놓을 수 없는 우리 가족들! 엄마, 아빠 막내딸 드디어 책 냈습니다. 그리고 세 명의 언니들, 형부들, 귀염둥이 내 조카까지 정말 사랑하고 항상 응원해 주셔서 감사합니다. 밤 9시가 넘은 시간에 친구의 원고 집필을 위해 상수동 카페 거리를 함께 걸어준 15년 지기 친구 최진실에게도 감사한다. 일일이 다 말하지 못해 미처 이야기하지 못한 분들도 있다. 그분들에게도 감사하다고 꼭 말하고 싶다.

서점에 나와 있는 수많은 책들 중에서 제 책을 선택해 주신 독자님들 감사합니다. 혹여 해주고 싶은 이야기가 있다면 언제든지 메일을 보내달라고 말씀드리고 싶다. 글만 쓰는 작가가 아니라 소통하는 작가가 될 수 있도록 그분들의 이야기에 귀를 기울일 것이다.

나의 꿈꾸는 서재에서
김현아

차례 *contents*

나도 모르는 평소의 말 습관을 점검해라

상대를 매료시키는 대화의 기술

4장

대화는 말이 아니라 마음을 주고받는 것이다

5장

모든 인간관계는 대화법으로 바꿀 수 있다

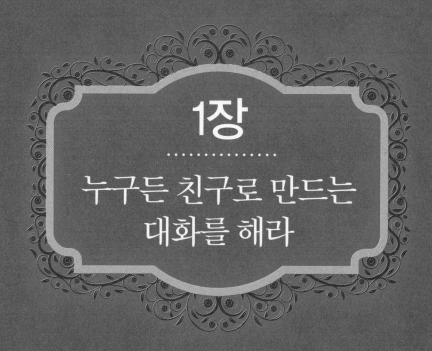

1장

누구든 친구로 만드는
대화를 해라

01 | 사람을 얻는 대화법은 따로 있다

"너는 세상에서 제일 무서운 게 뭐야?"

"무서운 거? 나는 말이 제일 무서워."

"말? 말이 왜? 너는 말을 타본 적도 없잖아."

"아니, 그 말 말고. 사람이 하는 말! 나는 세상에서 말이 가장 무서워."

그렇다. 우리가 가장 쉽게 생각하지만 이 세상 그 어떤 것보다 거센 힘을 가지고 있는 것 중 하나가 말이다. 말 한마디로 사람은 행복할 수도 있고 불행할 수도 있다. 그리고 희망을 얻을 수도, 절망을 느끼기도 한다. 이렇게 보이지 않는 위력을 가지고 있는 말을 우리는 너무 쉽게 사용하고 그 힘의 위대함을 잘 모르는 경우가 많다.

공기업에 다니는 박 씨는 주말에 시간을 내어 주말 농장을 시작했다. 건강에 좋은 토마토를 재배하기 위해 열심히 노력했지만 이상하게도 토마토의 열매가 잘 열리지 않았다. 박 씨는 잠시 토마토를 바라보고 있다가 농장 주인을 찾아갔다.

"제 토마토는 왜 열매가 맺히지 않는 거죠? 제가 잘못하고 있는 건가요?"

주인은 잠시 하던 일을 멈추고 박 씨를 바라보며 당연하다는 듯 말했다.

"벌이 없잖아요. 그러니 당연히 열매를 맺을 수 없지."

박 씨는 그 말을 듣는 순간 번뜩 스치고 지나가는 생각이 있었다.

'벌? 그래! 도시에 벌이 살게 만드는 거야. 그렇게 하면 도시에서도 질 좋은 토마토를 먹을 수 있잖아!'

농장 주인과의 짧은 몇 마디를 통해 도시에 벌이 있게 만들자는 목표를 가지게 된 박 씨는 그 뒤로 열심히 발품을 팔아 자료 조사를 했다. 그리고 방송통신대학교에서 농업학 학위까지 따며 열정을 다했다. 그리하여 현재는 명동, 노들섬 등 서울 경기 지역 19곳에서 연간 1~1.5t 가량의 꿀을 수확하는 도시 양봉가가 되었다. 그는 어반비즈 서울이라는 회사를 설립하고 꿀 생산뿐 아니라 도시 양봉가 육성 교육을 진행하고 있다. 이 수업에는 초등학생부터 75세 노인까지 수강생이 500여 명에 이른다. 어반비즈서울 박진 대표가 바로 그다.

어찌 보면 엉뚱한 상상력이었을지도 모른다. 나도 이야기를 들으며 몇 년 전 보았던 애니메이션 '꿀벌 대소동'이 떠올랐다. 애니메이션을 보면서 평소에 별다른 생각이 없었던 벌의 소중함을 새삼스럽게 느꼈으면서도 도시에 벌이 살 수 있으면 좋겠다는 생각으로까지 연결되지는 않았다.

하지만 박진 대표는 농장 주인과의 중요할 것 없는 대화 몇 마디로 엉뚱해 보이는 상상을 하게 되었고 그 결과 도시 양봉가라는 새로운 인생을 살게 되었다.

농장 주인은 박 대표가 상상력이 좋은 사람이라는 것을 알고 그의 행동을 이끌어 내기 위해 벌에 대한 이야기를 한 것은 아니었다. 그는 너무도 당연한 사실이었기에 그 내용을 말했을 뿐이다. 그런데 그 말 한마디가 사람의 인생을 바꾸어놓게 된 것이다.

말은 이렇게 위대한 힘을 가지고 있다. 사람에게 영감을 주고 그 영감을 행동으로 옮길 수 있도록 만드는 힘을 가지고 있다. 많은 책을 읽고 많은 경험을 해도 해결되지 않던 것들이 누군가와 나눈 몇 마디 말로 해결책을 찾을 때가 있다. 나아가 자신이 어떻게 해야 할지까지 알려주는 경우도 있다. 이것이 눈으로 보이지는 않지만 말이 가지고 있는 위대함이 아닐까 싶다.

"이제 더는 힘들 것 같아. 직원들 월급도 제때 못 주면서 회사를 운영한다는 것이 쉽지 않네."

"말도 안 돼요! 제가 누구 덕에 무사히 결혼식을 할 수 있었는데요. 안 돼요, 사장님."

"나도 할 수 있는 만큼은 다 해봤는데 더는 안 될 것 같아. 미안해."

마주 선 두 사람의 얼굴이 침울했다. 사장은 만들어 놓았던 구두를 여자에게 건네주었다.

"사장님, 좋은 방법이 있을 거예요. 그러니까 절대 포기하시면 안 돼요. 사장님 안 계시면 저 같은 사람들은 이제 어디서 신발을 구할 수 있겠어요. 그러니까 꼭 포기하지 마세요. 아셨죠?"

사장은 어색한 미소를 지으며 여자를 배웅했다. 벌써 몇 번째 반복되는 대화였다. 그녀뿐 아니라 그동안 단골로 그에게 구두를 샀던 사람들 모두가 비슷한 말을 하고 있었다. 하지만 특별한 사람들을 위한 구두를 제작해 판매하는 그는 하루에 고작 6~7켤레가량이 판매되는 현실에서 하루하루 더해만 가는 경영난을 극복하기가 쉽지 않았다.

얼마 후 단골손님들이 다시 그를 찾았다.

"사장님, 이거 받으세요. 사장님이 구두를 만들어 주지 않으면 저희는 걸을 수가 없어요. 그러니까 꼭 저희를 위해서 구두를 만들어 주세요."

손님들은 조금씩 돈을 모아 그에게 건네주었고 자신들이 걸을 수 있도록 멋진 구두를 만들어달라는 말도 잊지 않았다. 그렇게 사람들의 마음을 받아든 사장은 다시 일어설 힘을 얻었다.

사실 그의 단골손님은 평범한 사람들이 아니었다. 한쪽 다리가 8cm 이상 짧은 소아마비 여성, 발뒤꿈치가 없는 예비 신부, 제대로 걸을 수 없는 당뇨 환자 등이 그의 고객들이었다. 젊은 시절, 구둣방에서 심부름하던 것을 시작으로 구두와 인연을 맺은 남궁정부 씨는 95년 지하철 사고로 오른쪽 팔을 잃었다. 그 후부터 자신처럼 몸이 불편한 사람들의 구두를 만들기 시작했다. 그는 특수구두 의료보험

적용을 위한 캠페인을 벌여 8년 동안 틈틈이 서명을 받았으며 그 결과 2005년부터 장애인 특수 구두에 의료보험이 적용되기 시작했다.

남궁정부 씨가 사람들에게 받은 것은 돈이 아니었다. 그들의 마음이었다. 그리고 그들이 건넨 한 마디 한 마디는 그가 20여 년의 오랜 시간 동안 특수 구두를 만들 수 있게 해준 힘이기도 했다. 남궁정부 씨의 구두는 사람들에게 걸을 수 있는 희망이 되어 주었고 그들의 마음이 담긴 한마디는 그를 포기하지 않도록 이끌어 주었다.

세상에는 이런 일들이 참 많다. 사실 돈보다 더 귀한 재산은 사람 그 자체이다. 결국 힘이 들어 모든 것을 포기하고 싶을 때 다시 일어설 수 있는 힘을 주는 것은 물질적인 것이 아니라 사람 그 자체이기 때문이다. 그렇기에 세상은 사람이라는 자산을 많이 얻은 사람이 성공할 수밖에 없다.

그렇다면 이렇게 소중한 사람을 얻으려면 어떻게 해야 할까? 아주 간단하다. 그들과 편안하게 이야기를 나누며 그들이 내 사람이 되게끔 이끌면 된다.

우리는 지금 말의 홍수 속에서 살아가고 있다. 더욱이 우리가 사는 세상은 대화의 영역이 서로 얼굴을 보고 하는 이야기나 전화 통화를 넘어 수없이 오고가는 메시지, SNS 등으로 확장되고 있다. SNS의 경우 서로 얼굴 한번 보지 않은 사람들과 소통할 수 있는 장이 되어 주기 때문에 대화는 말을 넘어 글로 그 영역을 넓혔다고 할 수 있다.

대화의 장이 많아진 만큼 부작용 또한 많다. 사람들은 작은 일에도 소외감을 느끼기 시작했고 애정결핍이라든지 우울증과 같은 정신적인 스트레스를 감당하기 어려워하는 이들도 있다. 그래서 우리는 하루도 빠짐없이 하는 우리의 대화를 제대로 활용해 많은 사람을 내 자산으로 만들어야 한다.

　사람은 누구나 행복해지기를 원한다. 그리고 그 행복은 사람과 사람이 함께 있을 때 가능하다. 그렇기에 우리는 사람과 사람이 가장 많이 하는 것 중의 하나인 대화에 대해 깊이 생각해 보고 대화를 통해 우연처럼 만난 사람을 인연으로 만드는 법을 배워 나가야 하는 것이다. 이제는 생각나는 것을 그대로 말로 옮기는 대화가 아니라 사람의 마음을 얻기 위한 대화를 해야 한다. 그렇게 할 때 우리 주변은 많은 사람들로 가득 차게 될 것이다.

대화의 시작, 따뜻한 인사 한마디

사람과 사람이 만나고 헤어지면서 자연스럽게 주고받는 것이 인사다. 사람들 사이에 가장 기본적인 예의라고 할 수 있는 것 또한 인사이다. 그런데 어떤 사람들은 앞에 있는 사람을 보고도 보지 못한 척지나가 버리고는 한다.

"인사만 잘해도 먹고는 산다!"
"인사는 전도다!"

동탄시온교회에서는 예배 시간마다 이런 표어를 외친다. 이것은 이 교회의 목사인 하근수 목사의 아버지로부터 내려온 교훈이다. 하목사의 아버지는 아들에게 인사를 잘하고 먹을 것을 나누어 먹으라고 항상 강조하였다. 이웃에 사는 동네 아저씨를 하루에 두 번 만나면 두 번 인사하고, 세 번 만나면 세 번 인사하라는 아버지의 가르침을 따라 인사하는 것이 몸에 배인 하 목사는 2014년 7월 2일자 국민

일보에 동장님과 관련된 사연을 소개하기도 했다.

"안녕하세요, 동장님."

하 목사는 언제나처럼 동장님에게 인사를 건넸다.

"동장님은 우리 동네 어른이신데, 우리 교회 한번 오세요. 동장님이 격려 한번 해주시면 안 되겠습니까."

동장님은 하 목사의 말에 인사를 하기 위해 주일 교회에 왔고 다음 주에도, 그 다음 주에도 쭉 교회에 나오게 되었다. 그리고 세례까지 받아 집사님이 되었다는 것이다.

하 목사의 인사에 동장님은 왜 교회에 갔을까? 그것은 아마도 하 목사의 인사에 교회의 성도 한 사람 늘려 보려는 사심이 묻어 있지 않은 진실함 때문이었을 것이다. 항상 동네에서 마주치면 친근하게 인사를 건네는 모습에 교회에 한번 가보자는 마음이 생긴 것이다.

인사는 우리가 살아가면서 해야 하는 당연한 행동 중의 하나이기에 간혹 이 당연한 것을 놓치고 지나갈 때가 있다. 매일 하는 인사 한 번쯤 안 하면 어떨까 싶지만 인사성이 바른 사람과 그렇지 않은 사람의 차이는 크다. 사람들은 누구나 자신에게 밝게 인사하는 사람을 좋아하지 자신을 보는 둥 마는 둥 하는 사람을 좋아할 리 없기 때문이다.

내가 금융 관련 공기업에서 근무할 때의 일이다. 책을 몹시 좋아하는 나는 도서자료실에서 근무를 하고 있었다. 묵직한 책을 몇 번이고 들었다 났다를 반복하고 나면 퇴근 무렵에는 몸이 녹초가 되었다. 나는 지친 발걸음으로 지하철역 계단의 마지막 칸을 내디뎠다.

"안녕하세요, 오늘은 좀 늦으셨네요?"

갑자기 누군가 나에게 말을 걸었다. 나는 화들짝 놀라 옆으로 고개를 돌렸다. 그런데 내 곁에서 미소 짓고 있는 사람은 놀랍게도 우리 회사 사람이 아니었다. 그녀는 우리 회사가 입주해 있는 건물의 안내데스크에서 일하는 직원이었던 것이다.

나는 사람을 만나면 가볍게 목례를 하는 것이 습관이다. 우리 회사 사람이건 그렇지 않건 일단 목례를 하고 보는 스타일이다. 그렇기에 안내데스크를 지나다닐 때도 습관적으로 그녀에게 인사를 했었다. 그녀는 데스크를 지나다니는 대부분의 사람들이 무심히 지나가는데 자신에게 항상 인사를 해주어 고마웠다고 말했다.

내가 이런 습관을 어린 시절부터 가지고 있었던 것은 아니다. 나는 유독 사람의 얼굴을 기억하지 못한다. 나와 1년을 같이 공부한 친구들의 얼굴도 잘 기억하지 못하고 심지어는 10년지기 친구와 지하철역과 같이 사람이 많은 곳에서 만나기로 하면 나는 언제나 친구를 찾지 못한다. 늘 친구들이 날 찾아와야만 한다. 이 정도면 내가 사람의 얼굴을 얼마나 기억하지 못하는지 그 심각성을 짐작할 것이다.

내가 이 정도로 사람의 얼굴을 기억하지 못하는 것은 이미지를 기억하지 못하는 내 기억력이 나빠서이기도 하지만 좋지 않은 시력 때문이기도 하다. 나는 안경을 써도 시력이 0.1 이상으로 올라가지 않는다. 평범한 사람들이 안경이나 렌즈를 뺀 시력 정도로 생각하면 될 것 같다. 혹은 그보다 더 나쁠 수도 있다. 거기에 난시까지 있어 물체가 뿌옇게 보이기 때문에 이미지를 알아보기 어려운 편이다.

학창 시절에는 나의 이런 단점 때문에 많은 친구들과 어울릴 수 없었다. 친구들은 나에게 인사를 건넸지만 그 친구를 볼 수 없었던 나로서는 인사를 받은 줄도 모르고 지나쳐 버렸던 것이다. 그래서 오해도 많이 받았다.

지금 내 곁에서 10년 넘게 있어준 이들은 나의 이런 단점을 이해해주고 먼저 다가와준 이들이다. 때로는 갑자기 뒤에서 나타나 툭 치고 화들짝 놀라는 내 모습에 재미있어 하거나 슬쩍 옆으로 다가와 귓가에 대고 버럭 인사를 건네는 짓궂은 이들이기도 하다.

지금 생각해보면 나도 친구들에게 다가가는 법을 잘 알지 못했고 친구들도 나의 시력에 대해 묻는 것을 조심스러워 했다. 그때는 서로 어려서 표현하는 방법이 서툴렀기 때문일 것이다. 떠올려 보면 좋은 인연으로 오랜 친구가 되었으면 좋았을 법한 이들도 있었지만 때늦은 아쉬움은 아쉬움일 뿐 그때로 돌아갈 수는 없다.

다만 그때의 아쉬움으로 나는 새로운 습관을 가지게 되었다. 같은 건물 안에서 나와 마주치면 무조건 인사를 하고 보는 것이다. 가벼운 목례는 오며가며 서로 나눌 수 있는 것이기에 그다지 어려운 일이 아니었다. 간혹 우리 회사 직원이 아닌 사람에게 인사를 건네면 상대는 당황해서 멋쩍게 웃고는 한다. 하지만 그것도 몇 번 반복되면 몇 층에 근무하는지, 그곳은 무엇을 하는 회사인지 등에 대한 간단한 이야기를 나눌 수 있게 된다.

이것이 인사의 힘이 아닌가 싶다. 서로 모르는 사람들끼리도 두세 번만 인사를 건네면 마치 서로 알던 사이인 것처럼 이야기를 나누게 되는 것이다. 그리고 이 인사의 힘을 통해서 사람들은 친근감을 느끼고 서로 가까워지게 된다.

나는 인사의 덕을 많이 본 사람이라고 할 수 있다. 좋지 않은 내 시력 때문에 시작한 것이었지만 사람들은 그 사실보다 내가 인사를 잘한다는 사실에 더 집중해 주었다. 그래서 예의 바른 직원이라는 말을 많이 들었고 주변 사람들은 점점 나에게 호감을 갖기 시작했다.

사람은 누구나 자신을 존중해주는 사람을 좋아한다. 인사는 아주 간단한 행동이지만 하고 안 하고의 차이는 천지차이라고 할 수 있다. 그리고 목례와 함께 살짝 머금은 미소까지 더해진다면 상대의 호감을 얻는 것은 당연한 일이 된다.

"안녕하세요."

짧은 한 마디지만 그 한 마디는 또 다른 한 마디로 이어진다. 그리고 그것은 곧 대화로 발전하게 된다. 나와 관련이 있는 사람인가 그렇지 않은가, 나와 친한 사람인가 서먹한 사람인가보다 중요한 것은 웃으며 건네는 나의 인사 한 마디에 사람들의 기분이 좋아진다는 사실이다. 나아가 '나'라는 사람에게 관심을 가지게 된다는 것이다. 그것은 곧 우연처럼 시작된 당신의 인연이 되어 줄 것이다. 내가 먼저 인사를 건네는 것이 처음에는 어색할지 모른다. 그렇다면 가벼운 눈인사부터 시작하는 것은 어떨까? 가벼운 한 번의 인사로 당신은 많은 사람들에게 기분 좋은 사람이 되어 줄 것이다.

03 | 상대의 말을 먼저 들어주어라

"이번 신상품 반응은 어때요?"

매장을 방문한 모린 시케 샤넬 CEO는 여느 때처럼 직원들에게 물었다. 고객과 현장에서 만나는 매장 직원들의 말이야말로 그녀가 귀담아 듣는 중요한 의견 중의 하나이다. 그녀는 한 회사를 이끄는 경영자야말로 다른 사람의 말을 경청할 줄 알아야 하는 사람이라고 말한다. 업무 시간의 75%를 직원들의 보고나 의견을 듣는 데 사용하는 시케는 전 세계 샤넬 파트너사와도 정기적 미팅을 하며 소통을 하고 있다.

모린 시케가 이렇게 경청을 중요하게 여기기 시작한 것은 지금으로부터 20년이 넘는 시간을 거슬러 올라간다. 그녀가 의류 브랜드 갭에서 근무할 때의 일이다.

당시 갭의 여성 청바지 팬츠 프로덕트 매니저였던 그녀는 신상품 출시를 앞두고 자신의 젊은 감각과 유행을 읽어내는 능력을 자신하고 있었다. 그래서 입사 2년차밖에 되지 않았음에도 상사에게 의견을 당당하게 이야기할 정도로 자신의 능력을 자부했다.

89년 신상품 출시를 앞두고 모린 시케는 타이트하게 붙는 스타일인 스토브파이프 팬츠를 출시하자고 했다. 마케팅 팀장도 그녀의 의견에 동의해 주었다. 하지만 그 당시 갭의 사장으로 있었던 드렉슬러는 정반대의 의견을 내놓았다. 유행을 타지 않는 평범한 핏으로 출시하자는 것이었다. 결국 드렉슬러의 의견대로 그해 갭의 신제품은 유행을 타지 않는 평범한 청바지로 출시됐고 드렉슬러의 안목은 정확했다.

신제품 회의를 마치고 사무실로 돌아온 시케는 자신의 안목을 믿고 드렉슬러와 격렬한 논쟁을 했던 것을 생각하며 혹시나 회사에서 잘리면 어떻게 해야 하나를 잠시 걱정하고 있었다. 그때 드렉슬러가 그녀를 다시 불러 이야기했다.

"모린, 내가 중요한 조언 하나 할게. 너는 훌륭한 직원이야. 하지만 다른 사람 말에도 귀를 기울일 줄 알아야 해."

사람들과 이야기를 나누다 보면 자신의 말만 중요하게 생각해 상대의 말을 듣지 않는 이들이 있다. 이런 사람들과 대화를 하다 보면 결국 논쟁으로 이어지는 일이 적지 않다. 자신의 능력을 자부하고 당당하게 이야기하는 것은 좋지만 다른 사람의 말을 귀 담아 들을 줄 아는 능력이 말을 잘하는 것보다 더 중요하다는 것을 우리는 기억해야 한다.

2014년 겨울이었다. 크리스마스를 앞두고 중, 고등학교 동창 A를 만난 나는 카페에서 한참 수다를 떨고 있었다. 그리고 어느덧 밤이 깊어 헤어지려 할 때 친구가 내 손에 무언가를 쥐어 주었다.

"어머! 뭐야?"

나는 손에서 느껴지는 도톰하고 작은 종이를 만지작거리며 미소 지었다.

"이제 곧 크리스마스잖아. 오랜만에 한번 써봤어."

중학교 때 처음 만난 A와는 많은 편지를 주고받고는 했다. 심지어 짝이었음에도 우리는 수업 시간에 선생님 몰래 쪽지를 보내는 것은 당연하고 일주일이면 두세 통의 편지를 주고받았던 것 같다. 그때는 편지지만 100장씩 묶여 있는 두툼한 편선지를 사서 봉투도 없이 접어서 전해주고는 했다.

그렇게 많은 편지를 주고받았던 우리는 고등학교도 같은 학교로 갔다. 하지만 나는 문과, A는 이과반을 선택하면서 한 번도 같은 반이 될 수가 없었다. 그러면서 각자의 생활에 바빠 편지를 쓰는 것은 생각도 하지 못했던 것 같다. 나는 오랜만에 친구에게 받은 편지가 그렇게 반가울 수가 없었다.

집에 도착하자마자 편지를 읽으며 어쩐지 중학생 어린 시절로 돌아간 것 같은 기분이 들었다. 누군가에게 손편지를 받은 것이 정말 오랜만이어서 괜스레 기분이 좋았다. 그리고 편지에 적혀 있는 말들이 너무 고마웠다.

'너랑 이야기를 하고 있으면 시간 가는 줄 모르겠어. 한마디로 말할 맛이 난다고나 할까?'

나는 엄청난 수다쟁이다. 전화기를 한 번 들면 기본 2시간을 떠들 정도로 말이 많다. 통신사에서 음성 통화 무제한 요금제가 출시되자마자 요금제를 바꿨을 정도로 나는 사람들과 이야기하는 것을 좋아한다.

특히 A의 경우는 매일 만나서 떠들라 해도 몇 시간씩 이야기할 수 있을 정도로 두 사람 모두 수다쟁이였다. 우리가 늘 이야기하는 것이 언제 한번 날 잡아서 밤새 떠들어 보자고 장난처럼 이야기할 정도니 더 이상 다른 말은 필요하지 않을 것 같다.

나는 친구의 편지를 읽으며 '말할 맛'이라는 세 글자를 잠시 생각해 보았다. 도대체 '말할 맛'이라는 게 뭘까? 한참을 들여다보고서야 나는 그것이 무슨 뜻인지 알 것 같았다. 내가 A와의 대화를 좋아하는 이유이기도 했기 때문이다.

사람들은 대화를 할 때 상대가 자신의 말을 듣고 있는지 그렇지 않은지를 바로 느낄 수 있다. 그래서 어떤 사람과 이야기를 하면 시간 가는 줄 모르고 말을 계속하게 되고, 또 다른 사람과 말할 때는 빨리 그 자리에서 일어나고 싶은 기분이 든다.

사람은 누구나 자신의 말에 귀를 기울여주고 대화에 집중을 해주면 생각하지 않았던 자신의 이야기를 털어놓게 된다. 하지만 다른 생각을 하고 자신의 말만 하는 사람에게는 말하고 싶은 생각이 사라지기 마련이다.

나는 사람들과 이야기를 할 때 핸드폰을 잘 보지 않는다. 내가 반드시 받아야 하는 연락이 있거나 지속적으로 나를 찾는 메시지나 전화가 아니면 핸드폰을 아예 가방에 넣어두는 일이 많다. 그러다 보니 자연스레 시간도 확인하지 않게 되어 어느 순간 시계를 보고 깜짝 놀라고는 한다.

누군가와 이야기를 할 때는 그 사람과의 시간에 집중해야 한다. 대화란 누구는 말하기만 하고 누구는 듣기만 하는 것이 아니다. 상대의 말에 귀를 기울여 주고 때로는 하고 싶은 말이 있어도 잠시 미뤄두었다가 상대의 말이 끝난 후에 할 줄도 알아야 한다. 그런데 우리는 자신이 할 말이 생기면 상대의 말을 듣지 않고 우리가 하고 싶은 말을 먼저 하는 경우가 참 많다.

친구가 나에게 말한 '말할 맛'의 의미는 이런 것이 아닌가 싶다. 자신이 하는 이야기에 귀를 기울여주고 있는 느낌, 그 느낌을 느꼈기 때문에 계속 이야기를 하게 되는 것이다. 그리고 그렇게 집중해서 듣다 보면 상대의 말을 잊는 것보다 기억하는 것이 더 많아진다. 그래서 가끔은 같은 말을 두 번 듣게 되는 경우도 있다. 그렇다고 그것이 나쁘지는 않다. 앞에 앉은 사람이 무슨 생각을 하고 있는지, 어떤 기분일지 더 잘 이해할 수 있기 때문이다.

반대로 매번 같은 말을 하는데도 매번 그 말을 잊어버리고 새롭게 듣는 사람도 있다. 그런 이들은 상대와 대화를 할 때 그만큼 집중하지 않았다는 의미이기도 하다. 그러므로 우리는 상대의 말을 들어주는 귀를 활짝 열어 놓아야 한다. 내 말도 중요하지만 상대의 말을 더 주의 깊게 들어줄 수 있도록 말이다.

'말할 맛'이 난다는 것이 특별하지 않다. 상대가 내 말을 잘 들어주고 있는 느낌, 그래서 많은 이야기를 함께 나누고 싶은 마음이 바로 '말할 맛'이다. 사람들은 쉽게 대화란 서로 말과 말을 주고받는 것이라 여긴다. 하지만 나는 조금 다르게 말하고 싶다. 내가 생각하는 대화란 말을 통해 서로의 마음을 주고받는 것이다. 그렇기에 우리는 듣는 귀를 활짝 열어놓고 상대의 이야기를 먼저 들어야 한다. 그래야 사람들이 우리를 통해 '말할 맛'을 느끼게 되고 그들 역시 우리가 '말할 맛'을 느낄 수 있도록 우리의 이야기에 귀 기울여 줄 것이다.

04 | 상대의 마음을 먼저 생각해라

인터넷으로 검색을 하던 중 우연히 한 기사를 보았다. 기사의 제목에 '딸 가진 부모의 마음'이라는 글자를 읽는 순간 나도 모르게 클릭을 하게 되었다. 오마이뉴스 2016년 1월 10일자 이희동 기자가 쓴 이 기사에는 필자가 여성가족부로부터 받은 고지정보서에 대한 이야기가 나온다.

고지정보서에는 이 기자의 집 주변에 성범죄자가 살고 있으니 조심하라는 내용이 담겨 있었다. 성범죄자의 이름은 물론 나이, 키, 몸무게를 비롯한 전면과 측면 사진까지 자세히 적혀 있었다. 그는 이 정보를 보며 성범죄자의 신상공개와 관련해 논란이 되었던 때를 잠시 떠올렸다고 한다. 그때는 아무리 범죄자일지라도 인권이 있는 사람인데 어떻게 신상정보를 공개할 수 있나 싶어 반대 의견이었지만 지금은 그 생각이 바뀌었다. 그 이유는 올해로 초등학교에 입학하는 딸아이가 있기 때문이다.

아이가 어렸을 때는 실감이 나지 않던 것들이 이제는 피부로 와 닿는 것이다. 텔레비전이나 다른 매체를 통해 아동 성범죄와 관련된 사건들을 접할 때면 남의 일 같지 않고 자신이 곱게 키운 딸이 걱정된다고 필자는 말하고 있다.

이 기사를 읽으며 나는 문득 이런 생각이 들었다.

'우리 엄마, 아빠도 이런 마음이겠지?'

이제 갓 초등학생이 되는 딸 한 명을 키우는 아빠의 마음도 이러한데 서른 살, 스무 살을 훌쩍 넘긴 딸자식 넷을 키우는 우리 부모님의 마음은 오죽했을까?

"너 어디냐?"

친구들과 한참 재미있게 수다를 떨다 보면 시간 가는 줄 모른다. 그러다 밤 10시가 넘어서면 내 핸드폰이 불이 난다. 그때부터 10분 간격으로 전화 혹은 메시지가 계속 오는 것이다. 그리고 내용은 늘 똑같이 어디냐는 질문이다.

솔직히 말해서 이런 연락이 유쾌하지는 않다. 내 나이 서른을 향해 달려가는 지금, 나는 외박을 한 기억이 거의 없다. 학교나 회사의 공식적인 행사가 아니고서는 외박을 할 수가 없었다. 단 한 번 친구와 무박 여행을 떠나기 위해 친구의 집에서 잠을 자야 했던 일이 있었다. 그것도 첫 차를 타야 했기에 어쩔 수 없는 상황이었다. 그리고 그때가 유일한 내 외박 경험이다.

그 하룻밤을 위해 내가 얼마나 눈치를 봤는지 우리 가족들은 모를 것이다. 아빠는 아예 아무 대답도 해주지 않았고 엄마는 단 한 마디로 내 말을 잘랐다.

"네 마음대로 해!"

그 말에 어떻게 해야 하나 수십 번을 고민했던 것 같다. 그래도 나는 난생처음 친구와의 여행을 포기할 수 없어 퇴근 후 곧장 친구의 집으로 향했다. 그리고 당당하게 집에 전화를 했다. 엄마의 목소리가 들리자 전화를 할 때의 기세와 어울리지 않게 기어들어가는 목소리로 다녀오겠다고 말했던 기억이 지금도 생생하다. 그때 엄마의 목소리는 한겨울 한파보다 더 차가웠다.

우리 집 근처에는 대학가가 많다. 그리고 뒷골목 같은 외진 길도 꽤 있는 편이다. 번화가이기는 하지만 그렇기 때문에 각양각색의 사람들이 모여 사건 사고를 많이 만드는 동네이다. 간혹 10시가 넘어서야 울려대는 핸드폰이 8시부터 끊임없이 울어댈 때가 있다. 그러면 나는 오늘 뉴스에서 무슨 방송이 나왔는지 짐작이 된다. 우리 동네에 어떤 사건 사고가 발생했거나 전국 8도의 어딘가에서 성범죄 또는 여성 납치 사건이 일어난 것이다. 이제는 날 귀찮게 하는 핸드폰에 짜증을 내기보다 어떤 사건이 일어났는지 검색해 보고는 한다.

갓 스무 살을 넘겨 자유를 만끽하고 싶었던 때는 가족들의 이런 모습이 간섭으로 느껴졌다. 친구들의 집은 이렇지 않은데 왜 우리 집만 유난히 보수적인지 모르겠다고 생각했었다. 그래서 귀찮은 마음에 짜증도 많이 냈다. 그런데 어느 순간부터 '우리 집은 원래 이런 분위기야.' 그렇게 받아들였던 것 같다. 그러고 나니 차라리 마음이 편

34

했다.

나는 우연히 본 이 기사를 통해 이제야 보수적일 수밖에 없었던 부모님의 마음을 조금은 알 것 같다. 우리 부모님은 두 분 모두 건물 미화원 일을 하신다. 그렇기에 새벽 4시에 일어나 출근을 해야 한다. 그런 분들이 딸이 들어올 때까지 잠도 자지 못하고 거실에 앉아 기다리는 마음을 나는 이제야 이해하게 된 것이다. 간혹 너무 피곤해 초저녁에 잠이 들었다가도 한 시간 간격으로 일어나 비어 있는 내 방을 확인하는 그 마음을 너무 늦게 알았다.

"너 어디냐?"

예전과 글자 하나 달라지지 않은 질문인데 요즘은 수화기 넘어 아빠의 목소리가 조금 다르게 들린다. 문득 잠에서 깨어나 딸의 빈 방을 보았을 때의 걱정스런 마음과 잠들지 못하는 피곤함이 느껴진다. 그래서 나는 이렇게 말한다.

"아빠, 회식이 길어져서 늦었어요. 지금 택시 타려고 기다리고 있어요. 얼른 갈게요."

"아빠가 데리러 가?"

"아니에요. 택시 타면 금방 가요. 어서 주무세요. 택시 타면 메시지 드릴게요."

이렇게 아빠와 나의 대화는 달라지기 시작했다. 내가 부모님의 마음을 알지 못하고 알려는 노력도 하지 않았을 때는 솔직히 반항심에 더 전화도 안 받고 늦게 들어가고는 했다. 그러면 어김없이 부모님과 말다툼을 하게 된다. 서로 기분이 나빠 잠들게 되는 것이다.

하지만 요즘은 서로 마음이 편하다. 늦을 일이 생기면 미리 메시지를 남기거나 전화를 하고 언제쯤 도착할 것 같다는 얘기까지 할 때도 있다. 종종 그 시간보다 늦어지면 곧장 전화가 오는 것이 이제는 귀찮지도, 짜증스럽지도 않다. 오히려 죄송할 때가 더 많다. '나 때문에 지금 이 시간까지 못 주무시는구나.' 하는 마음에 집에 빨리 가야겠다는 생각이 절로 든다. 운전도 하지 못해서 밤이 늦으면 집 앞에 내려주는 마을버스나 택시를 타야 하는 딸이 얼마나 걱정되겠는가.

사람과 사람이 서로 대화를 하면서 상대의 마음을 조금만 알고 이야기한다면 우리는 누군가와 싸울 일이 없을 것이다. 많이도 아니고 조금만 이해해도 왜 그런 말을 하고, 그렇게 행동하는지 알 수 있기 때문이다. 하지만 각자 자신의 입장이 있기 마련이기에 사람들은 자신의 입장에서만 말을 하게 된다.

이것은 누가 옳고 그르고의 문제가 아니다. 당연한 입장 차이이다. 그래서 우리는 사람들과 대화를 할 때 '지금 저 사람의 마음이 어떨까?'라는 질문을 잠시 스스로에게 해볼 필요가 있다. 질문을 하는 순간은 짧지만 그 질문 하나로 우리의 대화가 완전히 달라질 수 있기 때문이다.

사람이 다툼을 하는 이유는 자신의 생각만 하기 때문이다. 그러다 보면 상대의 걱정이나 조언이 귀찮은 것으로 느껴지게 된다. 알아서 잘하고 있는데 왜 간섭을 하느냐는 식이 되어 다툼을 피할 수 없어지는 것이다.

짧은 순간 나 자신에게 묻는 '저 사람은 무슨 마음으로 이런 말을 할까?'라는 질문은 잠시이기는 하지만 상대의 입장이 되어보는 좋은 경험이다. 그리고 서로의 말 속에서 생길 수 있는 오해를 줄이는 효과적인 방법이기도 하다. 사실 내가 그 사람이 아닌데 그의 마음을 전부 알 수 있다고 생각하는 것은 오만이다. 그렇기에 상대의 마음이 어떨지에 대해 이해하기 위한 노력만 할 수 있다. 우리가 상대가 아닌데 그들의 마음을 안다는 것은 불가능한 일이다. 다만 우리가 할 수 있는 것은 사람들의 마음을 이해하려는 노력을 통해 그들의 마음을 짐작해 볼 수 있을 뿐이다.

내가 아닌 누군가의 마음을 이해하는 것은 아주 어려운 일이다. 그렇기 때문에 지금 당신이 그들의 마음을 알아주지 못한 것은 당연하다. 중요한 것은 이 순간부터이다. 이제부터 당신의 시간을 잠깐만 투자하여 '저 사람은 무슨 마음일까?'라는 질문을 한번 해보는 것은 어떨까. 그러면 당신도 모르는 사이 당신의 마음은 따뜻하게 변할 것이다. 더불어 자신의 마음을 알아주는 당신을 많은 사람들이 좋아하게 될 것이다.

05 | 상대의 관심사를 찾아라

기부왕으로 잘 알려진 폴 마이어는 타고난 성격 탓에 생명보험 회사에서 실시한 세일즈맨 적성검사에서 보기 좋게 부적격 판정을 받았다. 그 정도로 세일즈와는 어울리지 않는 사람이었다. 하지만 그는 세일즈맨이 되겠다는 열정과 노력으로 생명보험 회사에서뿐만 아니라 세계적인 기업인 SMI를 설립하였다. 그리고 프로그램을 개발하여 많은 사람들이 제2의 인생을 시작할 수 있도록 도움을 주었다.

폴 마이어는 처음 생명보험 회사에 입사하고 9개월이 지날 때까지 눈에 띌 만한 성과를 거두지 못했다. 회사에서 그럭저럭 버티고 있는 한 사람으로 아무도 그에게 신경을 쓰지 않을 정도였다.

하지만 그는 몇 개월 동안 매일같이 자신이 만나러 다닌 사람들과 관련된 세일즈 일지를 작성했다. 일지에는 자신과의 미팅을 거절한 사람들의 명단과 그 이유, 그들에 대한 정보가 포함되어 있었다. 비록 미팅을 거절해 만나지 못했지만 그들의 정보를 꾸준하게 모으면서 그들의 출퇴근 시간, 취미, 가족 사항, 성격 등을 세밀하게 기록했다. 혹시라도 주변 사람들과 이야기를 나눌 기회가 생기면 상대에게 표시가 나지 않도록 꼼꼼히 정보를 모은 뒤 그날의 업무를 마칠 때마다 그것들을 다시 한 번 머릿속에 집어넣었다. 그렇게 그는 그들과 자신의 공통점 및 차이점을 분석해 나갔다.

그는 그동안 모아온 고객 정보를 바탕으로 자신을 거절했던 사람들을 다시 방문하기 시작했다. 처음에는 중소기업 사장 10명을 찾아갔다.

"너무 바빠서 만나주실 수 없다고 합니다."

역시나 비서를 통한 거절이었다.

"그러면 이것 좀 사장님께 전해주시겠어요? 부탁드립니다."

그는 자신이 준비한 선물 상자를 전해달라는 말을 남긴 채 뒤돌아섰다. 폴 마이어는 예쁜 리본으로 정성스럽게 포장한 상자를 열어보지 않을 사람은 없을 것이라 생각했다. 그래서 상자 안에 그동안 파악해 놓은 그들의 관심사와 관련된 짧은 글귀를 하나씩 적어 넣었다.

예를 들어 낚시를 좋아하는 사람에게는 '낚시 책자에는 없는 기막힌 낚시 포인트를 알고 있는데 사장님을 만날 수 없어 알려드릴 수가 없네요.'라고 적었다. 그러자 사람들이 먼저 그에게 연락을 하기 시작했고 그는 생명보험 회사에서 최고의 세일즈맨이 될 수 있었다.

만약 당신이 이런 선물 상자를 받았다면 당신은 어떻게 할 것인가? 그에게 연락을 하게 될 것이다. 내가 좋아하는 것에 대해 내가 알지 못하는 새로운 정보를 가지고 있을지 모른다는 것만으로 우리는 상대에게 호기심을 느끼게 된다. 사람과 사람이 서로 가까워지는 것에 있어서 같은 관심사를 가지고 있다는 것만큼 좋은 방법이 없다.

나의 10대 시절, 나에게 가장 많은 영향을 미친 한 사람을 꼽으라 한다면 영화배우이자 가수인 만능 엔터테이너 '임창정'이라 말하고 싶다. 열 살에 처음 그의 노래를 듣고 팬이 되어 그가 가수로서 은퇴를 선언했던 10집 앨범 때는 팬클럽 활동을 했을 정도로 나는 그의 열성 팬이었다. 1집부터 10집까지 100여 곡가량 되는 그의 노래를 전주와 도입부만으로 어떤 곡인지 알았고 절반가량은 모두 외우고 있었다. 사람들이 잘 기억하지 못하는 '해가 서쪽에서 뜬다면'이라는 영화의 비디오테이프를 빌려 5번을 보고 대사를 외우고 다녔던 기억도 난다. 지금 생각하면 어떻게 그럴 수 있었는지 그때의 내가 신기하다.

이런 나보다 더 대단한 사람은 사실 우리 엄마다. 엄마는 우리가 어렸을 때는 딸들과 함께 만화 영화를 보셨고, 청소년기가 되었을 때는 가요 프로그램을 같이 보며 우리가 어떤 가수를 좋아하는지 모두 기억해 주었다.

"막내야! 창정이 나온다."

내가 방에 있을 때 텔레비전 속에 임창정이 나오면 엄마는 이렇게 나를 부르고는 했다. 임창정의 활동을 녹화해서 모으는 것이 즐거움이었던 나를 위해 녹화 버튼을 눌러주었을 정도로 우리 엄마는 딸들이 좋아하는 것을 함께 좋아해 주었다.

얼마 전에는 오랜만에 거실에 앉아 가요 프로그램을 보고 있었다. 당시 인기가 꽤 많았던 케이윌의 노래가 나오고 있었는데 갑자기 뒤에서 엄마의 목소리가 들렸다. 엄마가 그 노래의 후렴부분을 따라 부르시는 것이 아닌가. 나는 깜짝 놀라 엄마에게 물었다.

"엄마 이거 어떻게 알아?"

"요즘 많이 들리더라."

케이윌의 노래가 감미롭기는 하지만 트로트를 주로 듣는 아줌마들 사이에서 인기가 있을 법한 노래는 아니라고 나는 생각한다. 그런데 우리 엄마는 딸들과 눈높이를 맞추기 위해 젊은 아가씨들은 어떻게 꾸미고 다니는지, 길에서 어떤 노래가 흘러나오는지 등을 유심히 살피신다.

몇 년 전, 우리 가족은 통영으로 여행을 갔었다. 연휴를 맞아 온 가족이 시간을 맞추어 장거리 여행을 계획했다. 우리 가족은 인원이 많은 만큼 시간을 맞추기가 쉽지 않다. 각자의 생활에 바빠 가족들과 한자리에 모이는 것이 어려운 편이다.

그런 우리 가족에게 어떤 사람들은 말한다. 가족들끼리 참 잘 모이고 여행도 자주 다녀서 부럽다는 것이다. 우리 가족을 그렇게 사람들이 부러워하는 이면에는 엄마의 힘이 대단했다고 나는 말하고 싶다.

"5월에 연휴 있네. 우리 놀러 갈까? 통영을 한번 가봐야겠는데."

2박 3일의 통영 여행은 달력을 보던 엄마의 이 한마디에 시작되었다. 그때가 여행을 떠나기 일주일 전쯤이었던 것으로 어렴풋이 기억난다. 일단 가족들 모두 자신의 스케줄을 조절하고 숙소를 잡는 것이

급선무였다. 그래서 회사에서 혹은 집에서 틈틈이 인터넷을 뒤지며 어렵게 민박을 잡았다. 여기서 정말 놀라운 것은 우리는 그 일주일 사이에 차를 샀다! 그 역시도 지금 있는 차가 너무 오래되었고 크기도 작기 때문에 바꾸어야 한다는 엄마의 말 한마디였다.

우리 집이 이렇게 엄마의 한마디에 한 마음이 될 수 있는 것은 그동안 엄마가 우리에게 보여주었던 모습들 때문이다. 엄마가 먼저 우리의 생활에 관심을 가지고 딸들이 어떤 연예인, 드라마를 좋아하는지에 대한 것부터 좋아하는 옷의 스타일, 하고 싶은 것들에 대해서까지 관심을 가져 주었다. 그렇기에 우리 역시도 엄마가 하고 싶은 것, 바라는 것에 초점을 맞추고 최대한 해드릴 수 있도록 노력할 수 있는 것이다.

흔하게 말하는 세대 차이가 우리 집에서는 통하지 않는다. 부모님과 같이 텔레비전을 보고 어느 브랜드가 세일한다는 엄마의 말에 아무런 의심 없이 바지 한 장 사다달라고 말할 수 있다. 큰언니와 내 나이 차이가 열한 살임에도 우리는 서로 옷을 바꾸어 입기도 한다. 이런 것들은 모두 서로의 스타일을 잘 알고 관심을 가지고 있기 때문에 가능한 일이다.

사람과 사람이 친해지는 방법에 있어 서로의 관심사를 알아차리는 것만큼 좋은 방법이 없다. 관심사가 같다는 이유만으로 이야기할 것들도 늘어나고 상대와 빠른 속도로 유대감이 형성될 수 있는 것이다. 가끔은 내가 좋아하는 것을 상대는 싫어하고 내가 모르는 것을 상대가 좋아할 때도 있다. 그럴 때는 서로의 관심사를 공유하는 것도 좋은 방법이다. 서로의 관심사를 공유하는 과정을 통해 그동안 알지 못했던 것들을 알아가는 시간을 가질 수 있기 때문이다.

누군가와 가까워지고 싶다면, 그래서 그의 마음을 얻고 싶다면 이제부터는 그 사람이 무엇을 좋아하는지를 먼저 확인해 보기 바란다. 그것에 대해 우리가 조금만 관심을 가지고 대화를 한다면 상대는 우리에게 얼른 들어오라며 마음의 문을 활짝 열어줄 것이다.

06 | 내 말이 무조건 옳다는 마음을 버려라

조용한 카페에 앉아 두 사람이 이야기를 나누고 있었다.

"우리 옆집이 새로 이사를 왔는데 집주인이 복부인이래."

"복부인? 거기는 터가 좋은가 보다. 복부인이 집을 사고."

"재개발 얘기가 나오니까 투자하는 거지."

여기까지 두 사람의 대화는 평범했다.

"그런데 복부인은 무슨 복을 그렇게 타고나서 복부인이라고 하는 걸까? 그 복 나도 좀 가졌으면 좋겠다. 나도 복부인 좀 돼봤으면 좋겠어."

"뭐? 복부인이 되고 싶다고?"

"응. 얼마나 복을 많이 가지고 있으면 사람들이 복부인이라고 부르 겠어. 그 복 나도 좀 나눠주지. 그 사람은 정말 행복할 거야?"

"너 지금 무슨 말을 하는 거야? 복부인은 그 말이 아니잖아. 부동산 투자하는 아줌마들 말이야."

44

당황스러움을 감추지 못하고 말하자 상대는 눈을 동그랗게 뜨며 어이없다는 표정을 지었다.

"너야말로 지금 무슨 소리를 하는 거야? 복부인이 왜 부동산 투자하는 아줌마들이야. 말 그대로 복이 많은 여자지. 그런 뜻이 아니면 왜 복부인이라고 부르겠니? 부동산이나 투자가 복부인이랑 아무 관련이 없는데 너도 참 답답하다."

"답답한 건 너야. 복부인은 땅 투기하는 아줌마들이라고. 무슨 복이 많은 여자라는 거야?"

"너 어디 가서 그런 소리 하지 마. 나는 널 아니까 그런 말을 해도 네가 몰라서 그런가 보다 이해하지만 다른 데 가서 복부인이 땅 투기하는 아줌마라 그러면 다 너 바보라 그래. 진짜 놀랍다. 어떻게 복부인을 모를 수가 있어?"

두 사람의 대화는 비슷한 내용으로 몇 번 더 반복되었고 결국 서로 답답하다며 불쾌해진 기분으로 자리에서 일어났다.

우리는 종종 이런 사람들을 만날 때가 있다. 복부인을 복이 많은 여자라고 말하는 것처럼 대부분의 사람들이 당연하게 생각하는 것을 혼자서만 다르게 생각하여 그것이 옳다고 주장하는 사람 말이다. 정작 답답한 것은 본인이면서 그들은 상대가 어리석은 이야기를 하며 우기고 있다고 오히려 화를 내기도 한다. 그리고 이런 이들과의 대화는 불쾌한 기분과 다툼으로 마무리하게 된다.

위로 언니가 셋 있는 나는 제일 싫어하는 말이 하나 있다.

"억울하면 네가 먼저 태어나지 그랬어!"

어떤 일에 대해서 언니들과 말싸움이 시작되면 종종 언니들이 나에게 하는 말이다. 이 말을 들으면 내가 옳은 말을 해도 나이가 어리기 때문에 한 발 물러나야 한다는 생각에 나는 더 기를 쓰고 언니들을 몰아세우고는 했다. 그러면 결국 큰 소리로 이어지고 부모님이 화를 내기 시작한다.

진짜 문제는 그때부터다. 부모님은 거의 매 순간 이렇게 말하고는 하셨다.

"나이도 어린 막내가 어디서 언니들한테 대들어? 엄마 아빠 클 때는 안 그랬어. 아무리 언니가 틀린 소리를 해도 그대로 해야지. 버릇없이 언니들한테 한 마디도 안 지고 말대꾸야!"

도저히 납득이 가지 않는 말이었다. 틀린 소리를 했으면 당연히 잘못되었다고 정정해야 하는 것 아닌가. 그것을 왜 나이 많은 윗사람이라고 해서 묵인해야 하는지 나는 이해를 할 수가 없었다. 그러면 나의 말싸움은 언니들에서 부모님으로 이어지고 결국 나만 미운오리새끼가 되어 혼자 방으로 들어가 우는 것으로 끝이 난다.

나이가 어리다는 이유 때문에 언니들의 잘못을 인정해 주고 싶지 않았다. 그리고 그것에 대해 지적하면 나에게만 뭐라고 하는 부모님이 원망스러웠다. 언제나 똑같은 상황의 반복도 지겹기만 했다.

나중에 알게 된 사실이지만 우리 언니들이 자신의 잘못을 알지 못해서 나와 말다툼을 했던 것은 아니었다. 언니들이 '아차!' 하는 순간 내가 그것을 지적하고 나섰던 것이다. 그러면 새까맣게 어린 동생이 일명 '지적질'을 하고 나서는데 언니의 자존심으로 물러설 수 없었으리라. 결국 싸움을 만든 사람은 가장 큰 피해자라고 생각했던 나 자신이었다.

나는 내가 옳다고 생각하는 것에 대해 누군가 다른 행동을 하거나 생각을 제시하면 인정해 주지 않는 못된 사람이었다. 그것을 받아들이지 못하고 내 말이 옳다고 계속 주장하는 것이다. 그러면 결국 우기는 모양새가 되고 사람들과 말다툼으로 연결되게 된다.

문제는 나는 틀린 것 없이 무조건 옳다는 생각에 있었다. 내가 옳다고 여기는 순간 상대의 말이 귀에 들리지 않았다. 그리고 그의 말을 부정하게 되면서 나와 마주 선 사람은 무시당했다는 느낌을 받게 된다. 당연한 결과이다. 자신의 말을 정면으로 부정하며 혼자서만 옳다고 하는 사람의 말이 좋게 들릴 사람은 없기 때문이다.

이 사실을 깨달은 것은 스무 살이 넘어서였다. 그날도 건방지게 엄마와 말싸움을 하고 방에 틀어박혀 울고 있었다. 그때 내 바로 위인 셋째 언니가 조용히 들어왔다. 그리고 한마디 했다.

"네가 아무리 바른 말을 해도 왜 너만 혼나고 너만 나쁜지 알아?"

"나만 미워하니까."

내 대답에 언니는 피식 웃어 버렸다.

"네가 다른 사람은 틀렸다고 생각하고 너만 옳다고 믿으니까 그래. 그래서 네 귀에 다른 사람들의 말이 안 들리는 거야. 때로는 상대가 정말 틀려도 한 번쯤 넘어가기도 하고 그렇게 생각하는 이유에 대해서 들어도 보고 좀 그래봐. 이게 뭐냐? 결국 우는 건 너뿐이잖아."

그 말을 남기고 언니는 방을 나갔다. 그 당시에는 그 뜻을 잘 이해할 수 없었지만 내가 많은 사람들을 만나고 다양한 이야기를 들으며 그 말이 무슨 의미였는지 조금씩 알게 되었다. 그렇게 나는 소위 말하는 '쌈닭'에서 벗어날 수 있었다.

내 생각이 전적으로 옳다고 믿는 순간 그 사람은 자신의 생각에 푹 빠져 다른 것을 볼 수 없게 된다. 그렇다 보니 당연히 앞에서 이야기하는 사람의 말을 정면으로 부정하는 모습을 보일 수밖에 없다. 자신의 말이 거부당한 상황에서 기분 좋을 사람은 아무도 없다. 그리고 결국 두 사람의 대화는 감정적으로 치우쳐 다툼으로 이어지고 마는 것이다.

이것은 어쩔 수 없는 당연한 수순이다. 그렇기 때문에 우리는 자신의 말이 무조건 옳다는 생각에서 벗어나야 한다. 그래야 마음을 열고 상대의 말을 받아들일 수 있다. 겉으로 보기에 그들의 말이 틀렸을 수도 있다. 혹은 정말 옳지 않은 생각을 가지고 있을 수도 있다. 하지만 그렇다고 해서 자신의 생각이 무조건 옳다는 마음으로 이야기를 하게 되면 상대는 받아들이는 것이 아니라 부정하는 태도를 취하게 된다.

상대의 생각을 바꾸려 하기 전에 우리의 마음을 먼저 열어놓아야 한다. 우리가 스스로의 생각에 빠져 상대의 말을 부인하고 있지는 않은지 한번 돌아볼 필요가 있다. 우리의 말도 옳고 상대의 말도 옳다.

그리고 우리도 잘못된 생각을 할 수 있다. 이 사실을 늘 기억하며 대화를 나눈다면 사람들의 말에 귀를 기울이게 될 것이다. 또한 그의 말을 통해 우리의 잘못된 생각을 바꿀 수도 있을 것이다.

누구의 말이 옳고 그르고에 대한 정답은 없다. 우리는 시시비비를 가리기 위해 대화를 하는 것이 아니다. 우리가 잊지 말아야 할 중요한 것은 우리의 생각이 무조건 옳을 수는 없다는 것이다. 때로는 정말 잘못된 것처럼 들리는 상대의 말이 정답일 수도 있다. 그 사실을 늘 기억하며 사람들과 대화를 한다면 그들은 더 많은 생각을 우리에게 털어놓을 수 있을 것이다.

07 | 상대를 '듣는 사람'으로 만들지 마라

"언니 세상에 너무하지 않아요? 어떻게 자기 하고 싶은 말만 그렇게 할 수 있어요?"

오랜만에 만난 동생 B는 얼굴까지 상기시키며 말했다. 내용은 자신의 남자친구와 관련된 하소연이었다.

지인의 소개로 만나게 된 남자친구는 첫날 그녀에게 전화를 걸어 1시간 동안 자기 이야기를 쏟아냈다고 한다. 동생은 친근하게 다가오는 그가 나쁘지 않아 그 이야기를 들어주었지만 꾸준하게 만나면서 그는 쭉 그런 식이었다는 것이다.

B의 이야기를 듣는 것보다 자신의 이야기를 많이 하면서 B가 직장에서 있었던 속상한 일을 말하면 듣는 둥 마는 둥 귀찮아했다. 게다가 답답한 마음을 털어놓을라치면 어떻게든 자신이 말할 기회를 만들어 이야기를 늘어놓았다. 심지어는 가족과 큰 다툼을 하고 너무 속상한 마음에 말을 꺼냈더니 웬일로 10분가량 잘 들어주었다고 한다. 그리

고 그녀의 말을 끊어내고 이렇게 말했다는 것이다.

"나도 그런 적 있어. 우리 집도 하루도 조용할 날이 없다."

그러면서 자신의 말을 또 쏟아내기 시작했고 1시간 동안 혼자서 이야기하다 전화를 끊었다는 것이다. 나는 그 얘기를 듣고 한마디 했다.

"B야, 헤어져."

"그러려고요. 도저히 이제는 못 들어주겠어요. 들어주는 것도 지쳐요. 어쩜 그렇게 자기 얘기만 하고 다른 사람 얘기는 안 듣는지 어떨 때는 대단하기까지 하다니까요."

주위에 B의 남자친구 같은 사람 한둘쯤은 있을 것이다. 그들은 말하는 것을 굉장히 좋아한다. 그래서 쉬지 않고 누구에게든 자신의 이야기를 속사포처럼 쏟아낸다. 하지만 문제는 자신이 이야기를 하는 만큼 다른 사람의 말을 들어주지 않는다는 점이다.

상대와 이야기를 할 때 그들이 생각하는 것 중 하나는 '어느 순간에 이야기할 수 있을까?'이다. 그런 생각을 하면서 사람들의 말을 듣다 보면 한 귀로 듣고 한 귀로 흘리듯이 놓치는 부분이 많다. 때로는 다른 생각을 하고 있다는 것을 상대에게 들키기까지 한다. 그러면 반대편에 앉은 사람은 입을 다물고 그들에게 열어놓았던 귀까지 닫아버리는 것이다.

내 지인 중에는 오랜 시간 고객센터의 상담사로 근무한 E가 있다. 그녀는 직장에서 근무하는 내내 다른 사람들의 말을 들어주다 보니 평소에 말하는 것을 굉장히 좋아한다. 상담사라는 직업은 말을 많이 하는 일이지만 자신이 하고 싶은 말은 정작 하지 못하는 직업이다. 그들은 고객의 이야기를 듣고 그것에 대한 대답만 해주는 업무여서 스트레스가 이만저만이 아니었다.

하루는 빼빼로데이를 앞두고 조카에게 줄 빼빼로를 사기 위해 여기저기 가게를 돌아다니고 있었다. 그 시즌이 되면 대형마트는 물론 편의점과 올리브영 같은 로드샵에서도 다양한 종류의 빼빼로 혹은 빼빼로와 유사한 과자들이 예쁘게 진열되어 있다. 나는 많은 사람들의 사이를 지나다니며 조카가 잘 먹을 것 같은 간식거리를 고르느라 몹시 분주했다.

그때 주머니에서 핸드폰의 진동이 느껴졌다. 물건을 들고 있었기 때문에 손도 부족했고 사람들도 많아서 전화를 받을까 말까를 잠시 고민했다. 전화를 건 사람은 E였다.

"뭐해? 어디야?"

"편의점. 조카 주려고 빼빼로 사러 왔어."

"그래? 편의점에 살만한 게 있어? 차라리 마트가 낫지 않아?"

"갔다 왔는데 별로 없어서."

나는 어쩐지 불안해지기 시작했다. 내 주변의 어수선함이 전화기 너머로 느껴질 것이 분명했고 통화를 하는 것보다 빼빼로 고르는 것에 더 집중하고 있는 것이 느껴졌을 텐데 E는 전화를 끊으려 하지 않았다. 나는 결국 E에게 먼저 말을 꺼냈다.

"내가 지금 가게 안이라 나중에 다시 할게."

"뭘 그렇게 많이 사? 조카가 얼마나 먹는다고?"

목소리에서는 서운함이 잔뜩 묻어났다. 하지만 그녀가 서운한 만큼 나의 기분은 점점 나빠지고 있었다. 상대의 상황은 생각하지 않은 채 자신이 하고 싶은 이야기를 하기 위해 전화기를 붙들고 있는 것이 유쾌한 상황은 아니었다.

그리고 대화의 내용 중 절반이 '오늘 저녁에 라면을 먹을까, 김밥을 먹을까?'와 같이 내가 결정해 줄 수 없는 것이었다. 자신이 먹을 것인데 내가 골라줄 수도 없었고 라면을 얘기하면 끓이기 귀찮아서 싫고 김밥을 말하면 사러 가는 것이 멀어서 싫다는 식의 대화를 5분 넘게 지속하고 있었던 것이다. 통화가 불편한 상황에서 그런 말을 듣고 있어줄 사람이 몇 명이나 될까? 나는 결국 유쾌하지 않게 전화를 끊었다. 그리고 괜히 받아주었다는 생각마저 들었다.

우리의 대화가 유쾌할 수 없었던 이유는 들어주는 사람과 말하는 사람이 나누어져 있었다는 것이다. 대화는 서로 말을 주고받는 것인데 우리는 한 사람은 말만 하고 다른 한 사람은 들어주기만 했다. 그러다 보니 듣는 사람은 자신에게 중요하지도 않고 답도 할 수 없는 상황이 반복되자 지쳐 버리고 만 것이다.

그리고 들어주는 사람이 편안하게 이야기를 들을 수 없다는 것을 말하는 사람은 분명 알고 있었다. 그런데도 자신이 이야기를 하고 싶다는 마음을 앞세워 상대의 입장을 고려하지 않았다.

대화에서 역할은 존재하지 않는다. 어떤 이는 말하는 역할을 담당하고 또 다른 이는 듣기만 한다면 그것은 대화가 아니다. 그런데 많은 사람들이 자신이 말하는 사람이 되고 싶어 자신의 앞에 있는 상대는 듣기만 해주기를 바란다. 자신이 할 말이 많은 만큼 앞에 있는 사람도 하고 싶은 말이 있을 수 있다는 생각을 하지 않는다.

심지어는 말을 많이 하는 것이 자신을 돋보이게 만들어줄 것이라 착각하는 사람도 있다. 하지만 사실은 그 반대이다. 상대를 배려하지 않고 자신의 이야기만 하는 것은 오히려 자신을 볼썽사납게 만들 수 있기 때문이다.

사람들은 처음 몇 번은 듣는 사람의 역할을 별다른 불편함 없이 담당해 준다. 하지만 그 횟수가 늘어나고 자신이 들어준 만큼 상대가 듣고 있지 않다는 사실을 알게 되면 더 이상 그와의 대화를 좋아하지 않는다. 대부분의 사람들은 들어준 만큼 누군가도 자신의 이야기를 들어주기를 바란다. 그렇게 서로의 생각을 주고받을 때 더 친근하고 유쾌한 대화를 할 수 있다.

'입으로는 친구를 잃고 귀로는 친구를 얻는다.'라는 말이 있다. 자신의 말을 하는 것보다 상대의 말을 먼저 들어 주어야 한다는 의미이다. 이제는 하고 싶은 말이 아무리 많아도 상대에게 이야기할 시간을 주면서 대화를 해보면 어떨까. 내 앞에 있는 사람은 결코 내 말을 듣기만 하려고 앉아있는 것이 아니다. 함께 이야기를 나누기 위해 앉아있다는 것을 우리는 늘 기억해야 할 것이다.

08 | 상대의 눈을 보고 말해라

　사람이 태어나 가장 마지막에 발달하는 감각이 바로 시각이다. 그래서 태어난 지 얼마 되지 않은 아이들에게 초점북이나 모빌을 선물해 주는 경우가 많다. 처음에는 초점을 맞추는 것부터 알아가고 흑백으로 보이다가 점차 색을 구별하기 시작한다. 이렇게 느리고 점차적으로 발달하는 시각은 우리가 살아감에 있어 가장 중요한 감각이 되어 준다.

　나에게는 이제 4살이 된 조카가 하나 있다. 딸 부잣집에서 처음으로 태어난 남자 아이였기에 조카는 온 가족의 사랑을 듬뿍 받았다. 심지어 8개월간을 외가에서 지냈을 정도다. 조카는 외할아버지, 외할머니는 물론 이모들까지 직장에서 칼같이 퇴근하게 만들었다.

　온 가족의 중심이 된 그 녀석과 가장 안 친한 사람은 바로 나였다. 나는 조카와 친해지고 싶은 생각이 굴뚝같았지만 아이에게 어떻게 다가가야 할지를 알지 못했다. 내 아래로 동생이라도 있었다면 아이를 어떻게 안는지, 지금 아이에게 필요한 것이 무엇인지 알 수 있었을 테지만 아이와 함께 사는 것이 처음이라 난감하기만 했다. 한 번은 조카를 제대로 만지지도 못하는 내가 안쓰러웠는지 아빠가 아이를 번쩍 들어 내 품에 안겨주었다. 조카와 나는 서로 당황스러워 잠시 동안 미동도 할 수 없었다.

이렇게 안 친한 우리가 급격하게 친해진 것은 30분도 안 되는 잠깐이었다. 조카가 7개월 정도 되었을 무렵 그 당시 한참 인기 있던 드라마의 마지막 회를 온 가족이 보고 있었다. 조카는 늘 자신을 바라보던 가족들이 텔레비전만 보자 심심함을 느끼기 시작했다. 문득 누군가 날 보는 듯한 느낌에 시선을 돌려보니 조카가 빤히 보고 있는 것이 아닌가. 나는 어떻게 해야 할지 몰라 어색한 미소를 지어주었다. 그랬더니 아이는 그 뒤로 내가 텔레비전에 시선을 돌리면 나를 툭툭 건드렸다. 자신을 보라는 듯한 행동이었다. 그때마다 나는 조카와 눈을 마주쳐 주었고 신기하게도 우리는 빠른 속도로 친해졌다. 지금은 아기 엄마가 우리를 보며 한마디 할 정도다.

"조그마한 거 둘이 만나면 사고만 쳐!"

자동차 놀이며 소꿉장난을 핑계로 방을 한가득 어지럽히고 욕실에 들어가 물장난을 쳐서 아이의 옷을 다 적셔 놓는 것은 주로 내 담당이었기 때문에 언니는 은근히 나에게 불만이 많았던 것 같다.

아이들은 이렇게 눈을 마주치는 것을 매우 좋아한다. 눈을 마주치고 있는 것만으로 관심을 받고 있다는 것을 느낀다고나 할까? 그런데 어른이 되어가면서 점점 우리는 사람들과 눈을 마주치고 이야기하는 것보다 슬쩍 그 시선을 피하는 경우가 많다. 대화를 하면서 서로 눈을 마주치는 것만큼 중요한 것도 없는데 말이다.

솔직히 나도 사람들과 눈을 마주치지 못하는 사람 중 한 명이었다. 나는 몸이 안 좋거나 흥분을 하면 눈동자가 심하게 흔들리고는 한다. 한마디로 초점을 맞추지 못하는 것이다. 그리고 때로는 내가 바라보고 있는 방향과 내 눈동자의 방향이 서로 다른 경우도 있다. 그래서 컨디션 조절이나 심한 흥분 또는 긴장을 하지 않도록 신경 쓰는 편이다.

어렸을 때는 다른 친구들보다 시력이 나쁜 것도 싫은데 눈동자도 흔들리고, 때로는 옆으로 보는 것같이 내 뜻대로 움직이지 않는 내 눈이 정말 싫었다. 그래서 내가 제일 피하고 싶었던 순간이 발표 수업이었다. 사람들 앞에 혼자 나가서 무엇인가 이야기를 한다는 것은 정말 힘든 일이었다.

그런데 어느 날부터인가 이런 내 모습이 싫었다. 늘 움츠려들어 있고 주눅 들어 있는 내 모습이 그렇게 못나 보일 수가 없었다. 그래서 주변에 있는 당당한 사람들의 모습을 관찰하기도 하고 소통이나 당당함에 대해 나와 있는 글들을 유심히 읽어보게 되었다. 그리고 서로 시선을 마주치는 것이 얼마나 중요한지를 알게 되었다.

이론상으로 알았다고 해도 실제 사람들과 눈을 마주치며 이야기하는 것은 쉽지 않았다. 눈동자가 언제 어떻게 떨릴지, 지금 내가 앞에 있는 사람을 제대로 보고 있는 것인지 알 수가 없었다. 이런 상황

속에서 정말 다행이었던 것은 내 조카의 엄마인 둘째 언니가 있었다는 것이다.

언니는 굉장히 당당한 사람이었다. 늘 자신을 꾸밀 줄 알았고 사람들 사이에서 돋보일 줄 알았다. 우리 집에서 가장 예쁜 딸이었다. 때로는 언니가 코디해준 옷만 입고 나갔을 뿐인데 친구들의 부러움을 살 때도 있었다.

언니의 원칙 중 하나는 사람과 사람이 서로 이야기를 할 때는 반드시 시선을 마주해야 한다는 것이었다. 그래서 내가 애써 언니의 시선을 피하면 그 눈길을 따라와 마주쳐 주고는 했다. 피하고 싶어도 피할 수 없었던 것이다. 어렸을 때는 그 눈빛이 그렇게 부담스러울 수가 없었는데 내가 눈을 마주치는 연습을 할 때는 연습 상대로 제격이었다.

지금은 사람들과 이야기를 나눌 때 서로 눈을 마주치는 것이 자연스러워졌다. 때로는 지인들에게 이렇게 물어볼 때도 있다.

"나 눈동자 떨려? 오늘 좀 피곤하네."

그러면 지인들은 그렇다 혹은 아니다라는 대답과 함께 괜찮으니 잠깐 눈을 감고 이야기하라고 권하기도 한다. 어떤 친구들은 나를 만나자마자 이렇게 말하며 내 컨디션을 짐작하기도 한다.

"오늘 일 많았구나. 제대로 충혈됐다."

나와 처음 만난 사람들은 시력이 나빠 앞이 잘 보이지 않는다는 눈에 대한 핸디캡이 있으면서도 그것을 감추기는커녕 자신과 스스럼없이 시선을 마주치는 모습에 놀랐다고 할 때가 있다. 어린 시절의 나였다면 상상할 수 없는 일이다. 하지만 지금의 나는 눈을 마주치는 습관으로 얻은 것이 많기 때문에 오히려 사람들에게 꼭 눈을 보면서 대화하라고 말한다. 옛날 언니가 나에게 그러했던 것처럼 나를 보지 않으면 내가 그 시선을 따라갈 정도가 된 것이다.

사람과 사람이 가까워지는 방법 중 서로 눈을 맞추고 이야기하는 것만큼 좋은 방법이 있을까. 상대의 눈을 보고 말할 수 있다는 것은 다른 의미로 그만큼 자신감이 있다는 뜻이다. 자신감이 없으면 앞에 있는 사람의 눈동자를 정면으로 마주할 수 없기 때문이다. 대화를 할 때 당당한 모습만큼 상대의 마음을 사로잡을 수 있는 것은 없다. 사람들은 당당한 모습에 매력을 느끼고 말하는 이의 목소리에 집중하게 된다.

더욱이 말하는 사람의 눈을 보면서 이야기를 들으면 다른 생각을 할 수가 없다. 다른 생각을 하는 순간 자신의 시선이 흔들릴 것이기 때문에 대화에 집중할 수 있는 것이다. 온전히 대화에 집중하는 순간 말하는 사람도 듣는 사람도 서로의 감정을 느낄 수 있게 된다. 그러면서 서로에게 더 가까워지는 것이다.

사람들은 하루도 빠짐없이 수많은 이야기를 하면서 살아간다. 하지만 듣는 사람의 눈을 보면서 이야기를 하기보다 다른 곳을 응시하고 있거나 이리저리 눈동자를 돌리며 한 곳에 초점을 맞추지 못하는 경우가 많다. 하지만 이렇게 대화를 하면 듣는 사람도 시선이 분산되기 때문에 이야기에 집중할 수가 없다.

눈을 마주치는 것 하나만으로 우리는 매력적인 사람이 될 수 있다.

당당하게 내 이야기를 해나가는 모습에 사람들은 우리에게 호감을 느끼게 될 것이기 때문이다. 그리고 대화 속에서 서로에게 공유되는 느낌으로 우리는 사람들과 빠르게 친해질 수 있다.

이제는 부끄럽다거나 창피하다는 생각에서 벗어나 내가 하고 싶은 이야기를 사람들 앞에서 당당하게 말해보는 것은 어떨까? 당당하게 앞에 있는 사람의 눈을 바라보며 이야기하는 내 모습에 사람들은 매혹당하게 될 것이다. 그리고 우리와 나누는 이야기에 집중하게 될 것이다. 그렇게 우리는 많은 사람들과 더 많은 유대감을 형성하여 그들의 친구가 되어 가는 것이다.

누구에게든 나다운 모습을 잃지 마라

식당에서 주문하는 모습을 보면 그 사람의 성격을 짐작할 수 있다. 어떤 사람은 다른 이들이 메뉴를 고민하는 동안 자신이 먹을 것을 얼른 고르고, 또 어떤 사람은 상대가 고르는 것을 살피며 그것과 같이 먹을 수 있는 음식을 시킨다. 혹은 자신이 먹고 싶은 것보다 다른 사람들이 먹는 것을 따라 주문하는 이들도 있다.

자신이 먹고자 하는 것을 선뜻 골라 주문하는 사람은 대개 자신의 의견이 명확한 사람이다. 그렇기에 다른 이들이 무엇을 먹든지 상관없이 자신이 먹고 싶은 음식을 주문한다. 그리고 상대가 무엇을 고르는지 보고 나서 메뉴를 선택하는 사람은 조화를 중요하게 생각한다. 그래서 음식 하나를 먹을 때도 함께 나누어 먹을 수 있는 것으로 고르는 것이다. 마지막으로 자신이 원하는 음식이 아니라 상대가 먹는 것을 선택하는 사람은 평소에도 자신의 의견보다 주변 사람들의 생각에 많이 맞추며 살아간다. 그러다 보니 음식 하나를 먹을 때도 자신의 의견이 아닌 상대가 좋아하는 것을 먹게 된다.

음식을 먹는 것 이상으로 우리가 많이 하는 대화에서도 이러한 모습은 똑같이 나타난다. 어떤 이들은 다른 사람들이 뭐라 해도 자신의 의견을 소신 있게 표현하고 어떤 사람은 상대의 의견을 들어가며 순응할 것과 자신이 이야기할 부분을 적절히 말한다. 또 다른 사람은 스스로의 생각보다도 다른 사람들이 하는 말이 옳은 것 같다는 생각에 상대의 의견을 전적으로 따라가는 모습을 보인다. 다르게 말하자면 자신의 생각에 자신감이 없고 명확하지 않은 사람이라는 의미다.

'재미가 없으면 의미도 없다'의 저자 김홍민은 '마포 김 사장'이라고 불리는 출판사 북스피어의 대표다. 스물아홉에 장르 문학 전문 출판사를 시작하여 책을 알리기 위해 그가 한 노력은 말 그대로 무한 도전이었다.

처음 그는 다른 사람들이 그러하듯 추리소설 사은품으로 헤어스프레이를 주었다. 하지만 결과는 보기 좋은 실패였다. 그래서 그만의 새로운 방법으로 자신의 책을 알리기 시작했다. 단 그 안에 원칙은 분명하게 존재했다. 독자들의 호기심을 자극할 만한 책과 연관된 무언가를 만들겠다는 것이었다.

김 사장은 정말 자신다운 독특한 마케팅을 과감하게 실행에 옮겼다. 석 달 동안 몸을 만들어 세미 누드 광고에 출연하는가 하면 책에 감정이입이 될 만한 음악을 모아 비정규 앨범으로 제작하기도 했다. 한 번은 책의 마지막 결말 부분을 봉인하여 뜯지 않고 가지고 오면 환불해 주겠다는 공약까지 서슴지 않았다.

이런 그의 모습을 보며 어떤 사람들은 곱지 않은 시선을 보낸다. 하지만 또 다른 사람들은 그의 블로그에 글이 올라오지 않으면 라면 박스를 보내고 회사 기념일을 챙겨 선물을 보낸다. 언젠가 했던 이벤트에서는 3년 동안 북스피어에서 발간된 책의 띠지를 모아오면 상금을 주겠다는 소식에 사람들이 줄을 서는 해프닝이 벌어지기도 했다.

많은 사람들이 그의 이벤트에 관심을 가지고 선물을 보낼 정도로 지지하는 이유는 뭘까? 그것은 신선하고 재미있기 때문일 것이다. 누구나 하는 이벤트가 아니라 마포 김 사장이기에 할 수 있는 이벤트로 독자에게 다가갔기 때문에 사람들은 그가 제작한 책을 믿고 읽을 수 있는 것이다.

김 사장이 추리 소설에 헤어스프레이를 넣어 주는 누구나 할 수 있는 이벤트를 했다면 사람들은 그가 만든 책에 관심을 기울이지 않는다. 어디에서나 그런 이벤트는 흔하게 볼 수 있기 때문이다. 하지만 김 사장만의 용기로 그만이 할 수 있는 파격적인 이벤트를 시도함으로써 사람들의 호기심을 자극할 수 있었다.

가족들과 함께 테디베어 박물관을 방문한 적이 있었다. 그때 회갑을 넘긴 우리 아빠는 제일 먼저 커다란 인형 옆으로 가 포즈를 취했다.

"와! 우리 아빠 역시 제대로 포즈 취할 줄 아시네."

카메라를 들고 있던 언니가 아빠를 향해 렌즈를 고정시키며 말했다. 우리 아빠는 박물관 초입에 만들어 놓은 싸이 인형과 함께 사진을 찍었던 것이다.

남녀노소 나이를 불문하고 이제는 대한민국을 넘어 월드스타로 우뚝 선 싸이를 모르는 사람은 우리나라에 없다. 설사 싸이는 몰라도 '강남스타일'의 말춤은 모두가 다 알고 있을 정도다.

음악과 춤에 푹 빠진 싸이는 미국 유학을 하던 중 진로를 완전히 바꾸어 가요계에 입성했다. 연예인은 잘생겨야 하고 멋있어야 한다는 외모 지상 주의적 생각이 있었던 그 당시에 싸이는 잘생기지도 않고 멋스럽지도 않았지만 그만의 스타일로 대성공을 거두었다. 그리고 2012년에 발표한 '강남 스타일'의 뮤직비디오는 유튜브 공식 채널에서만 25억 뷰를 앞두고 있을 정도로 그는 월드 스타로 자리 잡았다.

다른 가수들이 해외로 진출하기 위해 엄청난 노력을 기울이는 것에 비하면 싸이는 예상하지 못했던 커다란 성과를 거둔 셈이다. 그 이유는 무엇일까? 그것은 싸이 특유의 매력이 물씬 풍겨나는 음악과 뮤직비디오를 만들었기 때문이다. 싸이만이 그리고 싸이이기에 할 수 있는 음악과 춤과 영상으로 그는 월드 스타가 되었다.

그는 2015년 12월에 발표한 정규 7집 '칠집싸이다'의 앨범이 발매되기 전 기자회견을 가졌다. 그리고 그 자리에서 "월드스타로서의 부담감을 버리고 초심으로 돌아가 재미있게, 싸이스럽게 음악을 하자고 마음먹었다."라고 말한 바 있다. 이런 그의 말을 증명이라도 하듯 앨범이 공개되자마자 실시간 음원 차트 1위를 석권했다.

싸이는 연예인답지 않은 친근함이 있다. 뛰어난 외모도 아니고 몸매가 멋지지도 않다. 하지만 싸이의 음악은 언제 들어도 싸이스럽다는 생각을 하게 만든다. 무대에서 사람들의 눈치를 보지 않고 재미있고 익살스럽게 관객과 호흡하는 것, 그것이 바로 월드 스타 싸이의 매력이 아닐까.

우리가 일상에서 하고 있는 많은 대화도 이와 마찬가지이다. 말을 잘하지 못해도, 아름다운 미사여구를 사용하지 않아도 사람들이 우리의 말을 듣게 만들 수 있다. 우리는 저마다 자신만의 모습을 가지고 있다. 그런데 그 모습을 사람들 앞에 내보이기보다는 누구나 할 수 있는 대중적인 모습을 따라 할 때가 많다. 그러다 보니 정작 우리가 이야기를 하고 있음에도 우리의 모습은 그 대화에 묻어나지 않는 것이다.

모든 사람들이 똑같은 방법으로 비슷한 이야기만을 한다면 우리가 하는 모든 대화는 재미도 없고 의미도 없는 말들이 되어 버린다. 저마다의 생각이 있고 자신들만의 표현 방법으로 이야기를 할 때 우리는 서로의 생각에 대한 같음과 다름을 공유할 수 있다. 그렇기에 대화를 할 때에는 자신의 생각을 있는 그대로 표현할 수 있어야 한다.

가끔 사람들이 나에게 이런 말을 할 때가 있다.

"현아 씨 말 참 재미있게 해."

미소 띤 얼굴로 이렇게 말을 하면 사실 나는 이해가 잘되지 않았다. 내가 재미있는 사람은 아니기 때문이다. 개그우먼처럼 말을 잘하거나 유머러스하지 않은 내 말이 왜 재미있다는 것인지 나는 도통 알 수가 없었다.

"현아 씨 말 참 독특하게 하지 않아요? 독특한데 재미있어."

함께 일하는 남자 직원의 이 말을 듣고 나서야 나는 사람들이 했던 말을 이해할 수 있었다. 나는 누군가를 따라 하지 않는다. 나만의 억양, 나만의 표현을 많이 사용하는 편이다. 예를 들어 사람들과 이야기를 나눌 때 내 이야기에 집중해주지 않으면 이렇게 말하고는 한다.

"나 지금 누구랑 얘기하니?"

혼잣말처럼 들리는 이 말에 사람들은 순식간에 나에게 집중을 해준다. 내 말을 들어달라고 굳이 말을 하지 않아도 나에게 주목해 주는 것이다. 이런 식으로 나는 나만의 표현을 많이 사용한다.

같은 생각을 가질 수 있다. 하지만 자신이 어떤 것을 느끼고 있는지에 대한 정확한 판단 없이 상대가 이야기하는 것을 그대로 수용하는 것은 옳지 않다. 그것은 자신만의 모습을 잃은 채 다른 사람의 모습인 척하는 것과 다르지 않다.

때로는 서로 생각이 다를 수도 있고 내 말이 틀릴 수도 있다. 하지만 그것을 두려워해서는 안 된다. 어떤 상황에서라도 나다운 모습으로 내 생각을 이야기할 때 우리가 미처 알지 못했던 것들에 대해서 다른 사람과 공유할 수 있다. 그리고 우리의 이야기를 통해 상대의 생각에 변화를 줄 수도 있다. 틀리면 좀 어떻고 다르면 좀 어떤가. 그렇게 하나 더 배워가는 것이다. 정말로 부끄러운 것은 틀려서가 아니라 순간의 창피함이 무서워하고 싶은 말을 하지 못하는 것이다.

마포 김 사장과 싸이와 같이 우리도 우리만의 모습과 표현 방법으로 대화를 해야 한다. 사람들은 있는 그대로 나 자신을 내보이는 모습에 우리에게 매력을 느끼게 마련이다. 이제는 누군가처럼이 아니라 나다움으로 사람들의 마음을 끌어당겨 보면 어떨까. 나다운 모습으로, 나만의 표현으로 사람들에게 다가가는 내 모습에 사람들은 저절로 우리를 주목하게 될 것이다.

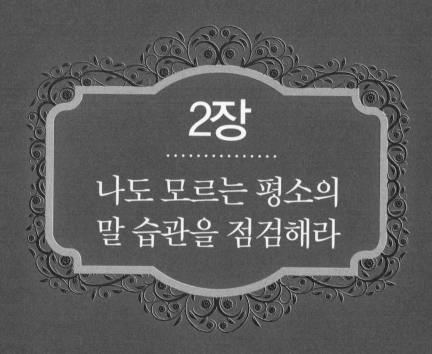

2장

나도 모르는 평소의
말 습관을 점검해라

'내 말은 그게 아닌데.' 사람들은 왜 오해할까

대화를 하다 보면 당황스러울 때가 있다. 나는 별 의미 없이 한 말인데 상대는 그 말을 심각하게 받아들이거나 어떨 때는 화를 낼 때도 있다. 이럴 때는 정말 어떻게 해야 할지 알 수가 없다. 내 말이 어디가 잘못되었는지 알 수 없기 때문이다.

내가 아는 지인 중 나이가 마흔이 넘었음에도 나보다 두세 살 많은 것처럼 보이는 언니가 있다. 외모도 동안이고 이야기를 나눌 때도 세대 차이가 느껴지지 않을 정도로 어린 사람들의 마음을 잘 이해해 준다. 게다가 결혼도 하지 않아 대화를 하다 보면 자유로움에 죽이 척척 맞을 때가 많다.

그녀가 나보다 무려 열 살이 넘게 많다는 것을 느낄 때는 주로 조언을 할 때이다. 그 시간만큼은 나와는 비교도 되지 않을 정도로 경험이 풍부하고 살아온 삶에 대한 지식과 지혜가 고루 느껴진다.

그녀와 이제 곧 웨딩드레스를 입는 나의 큰언니에 대해 짧은 몇 마디를 나눈 적이 있었다.

"큰언니? 언니가 몇 살인데?"

"마흔이오. 헌차니 빨리 가야죠."

여느 형제자매 많은 집과 마찬가지로 우리 집도 결혼을 이야기할 때 헌차니 새 차니 하는 단어를 곧잘 사용하고는 했다. 더욱이 결혼에 관심이 없었던 큰언니는 동생을 먼저 시집보내고 조카까지 있었기 때문에 우리 집에서는 그저 장난스런 표현이었다.

하지만 말을 하고 난 후 몇 초가 지나지 않아 나는 '아차!' 하고 말았다. 앞에 앉아 있는 그녀도 마흔을 넘겼다는 사실을 그제야 깨달은 것이다. 다행히도 그녀는 난감해하는 나의 마음을 알았는지 웃으며 한마디 했다.

"너, 그러는 거 아니다."

정말 아찔한 순간이었다. 그 순간 어떤 말로 미안한 마음을 표현해야 할지 알 수가 없었다. 그리고 동시에 '내가 그동안 헌차라고 장난칠 때마다 우리 언니는 어떤 기분이었을까?'라는 생각이 들었다. 겉으로는 아무렇지 않은 척 막내 동생의 장난으로 웃어 넘겼을 테지만 그 속마음은 아무도 모르는 것 아닌가.

우리는 이렇게 의도하지 않았음에도 다른 사람의 기분을 상하게 만들 수 있다. 바로 말 한마디로 말이다. 위의 내 경우는 다행히 내가 어떤 단어를 잘못 사용했는지 알아차릴 수 있었지만 말을 하다 보면 어떤 표현이 상대의 마음을 불편하게 만들었는지 알 수 없는 경우가 더 많다.

아마도 내가 이 일을 겪지 않았다면 '헌차'라는 표현이 결혼을 하지 않은 여성들에게 기분 나쁜 단어가 될 수 있다는 것을 여전히 깨닫지 못하고 있었을지 모른다. 더 무서운 것은 나는 언니에게 장난을 하기 위해 한 말이지만 언니는 어떤 의미로 받아들였을지에 대해 이제야 생각해 보게 되었다는 점이다.

생일을 맞이한 한 남자는 자신이 소중하게 생각하는 친구 네 명을 집으로 초대했다. 친구들이 하나 둘 약속 시간에 맞추어 도착했지만 단 한 명이 정해진 시간을 훌쩍 넘겨서도 오지 않았다. 주인은 시계를 보며 답답한 마음에 입을 열었다.

"아니, 꼭 와야 할 사람이 왜 이렇게 안 오지?"

그의 말이 끝나자 갑자기 한 친구의 안색이 어두워졌다.

"꼭 와야 할 사람이 아직 오지 않았다니! 그럼 우리는 오지 말았어야 할 사람들인가?"

친구는 말을 마치자마자 자리에서 벌떡 일어나 가 버렸다. 한 사람은 오지 않고 다른 한 사람은 화가 나서 가 버리자 주인은 난감해졌다.

"이런, 가지 말았어야 할 사람이 가 버렸군."

이 말을 듣고 있던 다른 두 친구 중 한 명의 얼굴이 갑자기 굳어졌다.

"자네 무슨 말을 그렇게 하나? 그럼 가야 할 사람은 바로 우리라는 말인가? 자네 뜻이 그렇다면 나도 가주겠네."

그러고는 문을 박차고 나가 버렸다. 이 모습을 말없이 지켜보던 나머지 한 친구가 우정 어린 마음으로 남자에게 한마디 했다.

"친구, 말을 조심했어야지."

이 말을 들은 남자는 고개를 끄덕이며 말했다.

"그러게 말이네. 내 말을 모두 오해한 것 같네. 나는 그 친구들에게 한 말이 아니었는데……."

자신의 마음을 이해해준 마지막 친구에게 말을 마친 남자는 앞에 앉은 친구의 얼굴이 점점 딱딱해지는 것을 보았다.

"뭐라고? 그럼 나를 두고 한 말이라는 건가? 정말 기가 막히는군!"

결국 마지막 남은 한 친구마저 문을 박차고 남자의 집을 떠나 버렸다.

남자가 어떤 마음으로 이런 말을 했는지 우리는 알 수 있다. 남자는 누구는 소중하고 누구는 소중하지 않아서 그런 말을 한 것은 아니었다. 다만 오지 않는 친구가 걱정되고 자신의 마음과는 다르게 받아들인 친구들에게 한 말이었을 뿐이다. 하지만 듣는 사람의 입장에서는 어떠한가? 남자의 말 한마디로 그 자리의 불청객이 되고 말았다.

약속 시간에 도착하지 않은 친구를 기다리는 남자의 마음은 어떤 기분이었을까? 자신이 초대한 생일 파티에 다른 친구들은 모두 도착해 있는데 단 한 명이 오지 않아 생일 파티를 시작하지 못하고 있다. 아마도 앞에 있는 친구들에게 미안했을 것이다. 그리고 아직 한 사람이 도착하지 않았는데 파티를 먼저 시작할 수도 없었을 것이다. 정말 난감한 상황이다. 그 마음을 이렇게 말했다면 어땠을까.

"친구가 많이 늦는군. 왜 이렇게 안 오지?"

이 말을 들은 세 명의 친구는 그의 마음을 이해했을 것이다. 그리고 더 기다리자든지, 먼저 시작하자든지 혹은 우리는 괜찮다는 등의 말을 하며 남자의 마음을 이해해 주었을 것이다. 하지만 남자가 사용한 '꼭 와야 할 사람'이라는 말에서 친구는 서운함을 느끼고 말았다.

이렇게 우리는 말을 하다 보면 해야 할 말과 그렇지 않은 말을 구별하지 못할 때가 있다. 우리가 생각을 하기 전에 이미 입 밖으로 말이 나와 버리는 것이다. 그래서 난감할 때가 많다. 특히 이 남자의 경우는 첫 번째 친구가 자신의 말을 오해했다는 것을 알면서도 계속해서 유사한 표현을 사용하고 있다. 그리고 결국은 나머지 두 친구마저 그의 집을 떠나고 만다. 이 사람은 자신의 어떤 표현이 친구들의 기분을 나쁘게 만들었는지 알지 못한다는 의미이다.

흔히 사람들은 말을 하기 전에 한 번 심호흡을 하라고 한다. 또는 해도 되는 말인지 세 번 생각하고 말하라고 한다. 하지만 말을 하다 보면 나도 모르게 술술술 흘러나올 때가 많다. 그러다 보면 실수로 이어지는 것이다.

사람은 누구나 실수를 한다. 그렇게 한두 번 실수를 한 것에 대해 상대는 화부터 내지 않는다. 하지만 그 실수가 여러 번 반복되면 상대와의 관계는 회복하기 어려워진다.

우리는 지금 내가 하고 있는 말이 어떤 의미를 담고 있는지 한번 생각해 봐야 한다. 그래야 사람들이 우리의 말을 오해하는 것을 줄여 나갈 수 있다. 내가 지금 상황에 맞는 적절한 표현을 사용했는지, 혹시라도 내가 한 말로 인해 상대의 마음이 불편하지는 않았을지 말을 하기 전과 후에 되돌아볼 필요가 있다.

실수한 순간 실수라고 생각했음에도 우리의 대화가 변하지 않는 이유는 우리가 잊어버리기 때문이다. 그리고 또다시 실수를 반복한 후에 후회하게 된다. 이제는 그런 실수의 순환에서 벗어나야 할 때이다.

앞에 앉은 사람이 무슨 말을 하고 있는지, 지금 그 말을 하면서 어떤 마음일지 생각하면 우리가 어떻게 말을 해야 할지 알게 된다. 그리고 그 말을 하기 전에 어떤 표현을 해야 자신의 생각을 오해 없이 전달할 수 있을지 한 번쯤 점검해 보아야 한다. 그렇게 하면 우리는 우리도 모르는 사이에 술술술 입 밖으로 흘러나오는 말실수를 줄여 나갈 수 있다. 또 상대방 역시 우리의 말을 아무런 오해 없이 받아들이게 될 것이다.

말은 내 입에서 나오는 순간 이미 내 것이 아니다. 흔적도 없이 공기 중에 사라져 버리기 때문이다. 하지만 무서운 것은 흔적도 찾아볼 수 없는 그 말이 상대의 귀에 닿고 기억 속에 남아 있다는 사실이다. 그래서 때로는 나는 기억하지 못하는 내 말을 다른 사람들이 기억하는 경우도 있다.

흔히 사람들은 말실수를 하고서 말한다.

"이미 엎질러진 물이야. 잊어. 주워 담을 수 없잖아."

맞는 말이다. 내 입을 떠난 말은 마치 땅바닥에 엎질러진 물을 주워 담을 수 없듯이 내 것이 아니게 된다. 그런데 내 것이 아니게 되었다고 해서 쉽게 잊어버려도 되는 것일까. 그렇지는 않다. 이미 지나간 일을 없던 일로 되돌려 놓을 수는 없겠지만 그 일을 잊지 않고 돌이켜 생각해 본다면 이후에 똑같은 실수를 저지르지는 않게 된다. 그렇기에 우리는 자신의 평소 습관 즉, 말 습관을 점검해 보아야 한다.

사람마다 제각각 자신이 말하는 스타일이 있다. 특정한 억양을 가지고 있는 사람, 어떤 단어를 유독 많이 사용하는 사람, 유사한 표현 방법으로만 말하는 사람 등 이미 익숙해진 자신만의 방법이 있을 것이다. 하지만 우리는 그 방법에 너무나 익숙해져 버려서 스스로에게 그런 습관이 있다는 것조차 모르는 경우가 많다. 그래서 우리는 우리의 말 습관을 한 번씩 점검해 보면서 잘하는 것은 나의 강점으로 만들고 잘못된 것은 보완해 나가는 노력이 필요하다.

말 습관을 점검할 때 내가 많이 했던 방법은 녹음이었다. 예전에는 MP3 플레이어나 녹음기로 녹음을 해야 했지만 요즘은 핸드폰이 워낙 좋아져 스마트폰 하나면 음질도 깔끔하게 녹음된 나의 목소리를 들어볼 수 있다.

내가 녹음을 하기 시작한 것은 전시 진행을 하면서부터이다. 사람들에게 내 목소리가 어떻게 들릴지, 어떤 목소리로 말을 해야 사람들에게 좋은 인상을 줄 수 있을지를 한참 고민할 때 정리된 나의 멘트들을 아침마다 녹음해서 들어보고는 했다.

솔직히 나는 내 목소리를 그다지 좋아하지 않았다. 녹음기를 통해서 내 목소리를 들으면 그렇게 이상할 수가 없었다. 마치 내가 아닌 다른 사람이 이야기하는 것처럼 들리고 그렇게 답답하게 들릴 수가 없었다. 나는 시원하고 톡톡 튀는 목소리를 좋아하는데 내 목소리는 오히려 낮고 둥글어서 평면적인 느낌이었다. 그래서 처음에는 녹음된 목소리를 듣는 것이 곤혹이었다.

그런 곤혹스런 시간을 일주일 정도 겪고 나니 내가 말할 때 마치

리듬을 타듯 억양이 움직이고 있다는 것을 알았다. 평면적이라 생각했던 내 목소리는 전혀 그렇지 않았던 것이다. 그리고 '굉장히, 진짜, 너무'와 같은 특정 표현을 많이 사용하고 있다는 것을 알았다. 처음 녹음을 시작했을 때는 전시 진행이라는 목적 때문이었지만 요즘은 사람들과 이야기를 할 때 일부러 한 번씩 녹음을 해보고는 한다. 그러면 그들과 대화할 때 내가 가지고 있는 말 습관을 자연스럽게 알 수 있다.

녹음을 통해 내가 자주 사용하는 단어가 무엇인지, 사람들에게 어떤 표현 방법으로 주로 이야기하는지 알았다면 이제 좋은 부분은 강점으로 만들고 그렇지 않은 부분은 개선하면 된다. 문제를 알게 되면 내가 그 단어나 표현 방법을 사용한 다음 '또 이렇게 말했네.'라는 생각을 하게 된다. 그럴 때는 어떻게 하면 좋을까?

내가 나의 말 습관을 점검하면서 많이 놀랐던 것은 부정적인 표현을 많이 사용하고 있다는 점이었다. 나는 나도 모르는 사이에 '짜증나. 힘들어. 죽을 것 같아.'라는 세 가지 표현을 사용하고 있었다. 그리고 그런 말을 했는지조차 모르고 있었던 것이다. 간혹 나에게 예민한 사람인 것 같다거나 투덜이 같다고 말하는 사람이 있었는데 그런 말을 왜 하는지 이해를 할 수 없었다. 나는 예민하기보다 둔한 편에 속하고 투덜거리지 않는다고 굳게 믿고 있었던 것이다.

하지만 내가 그런 말들을 자주 한다는 것을 안 다음부터는 인정하게 되었다.

"제가 좀 그런 면이 있죠."

이렇게 말하며 머릿속으로는 내가 또 그런 말을 했다는 것을 깨닫게 된다. 그래서 이런 표현을 고치기 위해 어떻게 해야 할까를 고민하게 되었다.

우리는 우리가 잘못되었다고 생각하면 비슷한 일이 생겼을 때 바로 알아차리게 된다. 그래서 나는 내가 부정적인 표현을 입 밖으로 내면 '아차!' 하면서 이 상황에서 다르게 표현할 수 있는 말이 무엇이 있을지를 고민해 본다.

"오늘 진짜 일 많네. 짜증 나."

습관적으로 이렇게 말했다면 마음속으로는 다르게 수정해 보는 것이다.

'오늘 일이 많기는 해도 괜찮아. 나는 다 할 수 있으니까. 지루하지 않고 좋네.'

이런 식으로 말이다. 그러면 신기하게도 짜증 났던 기분이 사라지고 내 업무에 집중할 수 있게 된다. 잠깐 내가 했던 말을 다시 한 번 생각하고 다른 표현을 찾아보는 연습은 간단하면서도 자꾸 하다 보면 다양한 표현을 떠올리게 되면서 재미까지 생긴다.

사람은 누구나 자신만의 말하는 스타일을 가지고 있다. 다만 말하는 것 자체가 워낙 익숙하기 때문에 스스로 그런 습관을 가지고 있는지조차 알아차리지 못하는 것뿐이다. 이제는 이미 입 밖으로 나간 말이라고 해서 어떻게 할 수 없다는 듯 내버려두지 말고 엎질러진 물은 다시 받으면 된다는 것을 보여주면 된다.

습관에는 좋은 습관과 나쁜 습관이 있다. 우리의 말 습관을 점검하는 것이 꼭 나쁜 버릇을 고치기 위해서만은 아니다. 우리의 말 습관 중에는 분명 괜찮은 것들도 많다. 그렇기에 사람들에게 호감을 줄 수 있는 우리만의 괜찮은 습관은 더 강화해서 나만의 스타일로 만들어야 한다. 사람들과 이야기를 하면서 나다운 무언가를 가지고 있다는 것은 상대에게 매력적으로 다가갈 수 있는 좋은 방법이기 때문이다.

거기에 나쁜 습관을 고치기까지 한다면 우리는 더 이상 말하는 것을 두려워할 필요가 없다. 간단하게 생각해 보면 나쁜 습관은 고치라고 존재하는 것 아닌가. 우리는 보란 듯이 보완하여 새로운 습관으로 만들면 그만이다.

습관을 고치는 것이 어렵다고 생각하는 이유 중 하나는 우리가 어떤 습관을 가지고 있는지 알지 못하기 때문이다. 우리가 가지고 있는 나쁜 버릇을 하게 되면 같은 행동을 했을 때 우리는 분명 그것이 문제라는 것을 인식하게 된다. 그러면 그때부터 고칠 수 있는 방법에 대해서도 생각을 하게 되는 것이다.

이 글을 쓰고 있는 나조차도 아직 '힘들어, 짜증 나, 죽을 것 같아.' 와 같은 표현을 완전히 버리지는 못했다. 지금도 말을 하다 보면 나도 모르는 사이 그 말이 흘러나오고는 한다. 특히 혼잣말을 할 때 유난히 많이 나온다. 하지만 그것이 나에게 좋은 영향을 미치지 않는다는 것을 알기 때문에 그 말을 하는 순간 곧장 '어? 이게 아닌데.' 하면서 새로운 표현을 찾을 수 있는 것이다.

새로운 표현을 찾는 것이 처음에는 어색하고 어떤 표현이 적합한지 헷갈리기도 한다. 그래도 계속해서 새로운 표현을 찾다 보면 우리가 사용할 수 있는 단어나 방법은 수없이 많아지게 된다. 그러다 보면 우리는 언제 어디서든지 우리의 마음을 사람들에게 편안하게 말할 수 있게 되는 것이다.

우리의 말 습관을 점검하고 수정하는 것에 대해서 두려워할 필요는 없다. 습관을 고치려는 생각보다 나에게 이로운 다른 습관을 익숙하게 만드는 과정이라 생각하면 어떨까. 그러면 우리는 보다 더 재미있게 우리의 말하는 방법에 대해 깊이 있는 생각을 할 수 있게 될 것이다.

03 | 왜 나는 자꾸 말 실수를 하게 될까

얼마 전 우연히 오래된 노래 하나를 들었다. 그 당시에는 어린 마음에 흥겨운 리듬이 좋아 즐겨 들었던 것 같은데 다시 한 번 듣고 보니 가사가 꽤 신선했을 것 같다는 생각이 들었다. 바로 터보의 'Cyber Lover'이다.

그 당시 집에 컴퓨터가 없는 사람이 없고 인터넷이 안 되는 집이 없었다. 그리고 개인 이메일과 메신저 한두 개쯤은 당시 초등학생이었던 나도 가지고 있을 정도였다. 그때 우리들 사이에서 유행했던 메신저는 버디버디였다. 노란색 쪽지창이 왔다 갔다 하며 이야기를 주고받던 그때가 갑자기 떠올랐다.

그리고 어렴풋한 기억과 함께 미소도 흘러 나왔다. 내가 했던 어이없는 말실수 때문이었다.

"언니! 티보 노래 나온다. 씨버 러버!"

내 말에 언니들이 웃음을 터뜨리며 물었다.

"뭐라고?"

"씨버 러버! 근데 왜 웃어?"

지금도 영어를 잘 못 하지만 그 당시에는 더 못 했던 나는 내가 무슨 실수를 했는지도 모른 채 폭소를 터뜨리는 언니들의 얼굴만 빤히 바라보고 있었다. 그리고 언니들의 설명을 듣고 나서야 내가 영어 발음을 잘못해서 그랬다는 것을 알 수 있었다. 언니들 앞에서였으니 다행이지 친구들 앞이었으면 정말 두고두고 놀림거리가 되었을 수도 있는 일이었다.

얼마 전 회사에 출근을 해 앉아 있는데 대리님이 사무실로 들어오셨다.

"어머! 대리님, 머리 자르셨네요!"

동료 D의 말에 나도 고개를 돌려 대리님을 보았다. 어깨까지 내려오던 긴 머리를 늘 하나로 질끈 묶고 계시던 분이 완전 커트로 머리카락을 싹둑 자르고 나타나셨던 것이다. 대리님과 우연히 머리에 대해 이야기를 나누었을 때 자를 때가 됐다고 하였었기에 한 번은 변화가 있을 줄 알았지만 그 정도로 짧아질 줄은 몰랐다.

"대리님, 완전 잘 어울리세요. 저렴해 보이세요!"

해맑은 목소리와 함께 흘러나온 D의 말에 사무실 전체가 웃음바다가 되었다. 나 역시도 웃음이 나와 한참을 킥킥거려야 했고 대리님역시 웃음을 참지 못하는 모습이었다.

"저렴해 보인다고요?"

"저, 그, 그게 아니라."

D는 무언가 하고 싶은 말이 있지만 떠오르지 않는 듯 머뭇거리다가 입을 다물고 말았다.

몇 시간 뒤 휴게실에서 나는 대리님을 다시 만나게 되었다. 그리고 그 옆에는 팀장님도 함께 계셨다.

"머리 잘랐네."

팀장님이 머리에 대해 이야기를 꺼냈다.

"네. D가 저보고 저렴해 보인대요."

휴게실은 다시 웃음바다가 되고 말았다. 몇 시간 전에 있었던 일이 다시 떠오르고 D의 해맑은 목소리가 귓가를 울리는 것 같았다.

하지만 내 웃음은 조금 전처럼 오래가지는 않았다. 대리님이 웃으면서 말을 하고는 있었지만 저렴하다는 표현에 마음이 상한 것 같다는 생각이 들었기 때문이다. 기껏 예쁘게 헤어스타일을 바꾸고 왔는데 저렴하다는 말을 들으면 기분 좋을 사람이 누가 있겠는가. 나는 무언가 하고 싶은 말이 있었지만 하지 못하며 당황하던 D의 얼굴이 떠올랐다. 뭔가 오해를 풀어 주어야 할 것 같았다.

"대리님, 젊어 보이신다는 말 아니었을까요? 이렇게 잘 어울리시는데 설마요."

"그런가? 그런 말이었나?"

대리님은 잠시 그 상황을 생각하시는 듯 말을 멈추었다.

"그래. 그 말이네. D가 가끔 그럴 때 있잖아."

팀장님도 내 말에 힘을 실어 주며 휴게실을 나가셨다.

아마도 내가 D의 당황스러움을 알아차리지 못했다면 그리고 무엇인가 하고 싶은 말이 있는 것 같은 느낌을 받지 못했다면 나 역시도 그녀의 말을 있는 그대로 받아들였을 것이다. 그리고 웃음보다는 어떻게 자신보다 나이도 많고 직급도 높은 분에게 저렴하다는 표현을 사용했는지 이해할 수 없는 건방진 사람이라고 생각했을지도 모른다.

하지만 평소의 D가 대리님을 얼마나 존경하고 좋아하는지 나는 잘 알고 있었다. 나 역시도 대리님을 무척이나 좋아하기 때문에 우리는 가끔 같이 퇴근하는 길에 혹은 전화로 대리님 이야기를 나누었던 사이이다. 더욱이 어른에게 저렴하다는 말도 안 되는 표현을 얼굴을 보고 하는 그런 친구도 아니었다. 다만 그녀는 젊어 보인다는 말이 저렴해 보인다는 단어로 잘못 나온 것이었고 정정을 해야 했지만 너무 당황해 자신이 하려던 말이 아예 떠오르지 않았던 것뿐이다.

우리는 종종 이렇게 말실수를 할 때가 있다. 내가 하려던 말은 그런 뜻이 아닌데 나도 모르는 사이 입 밖으로 나온 잘못된 단어 때문에 상대의 기분을 나쁘게 하기도 하고 오해를 사기도 한다. 서로에 대해서 잘 아는 사이가 아니라면 내가 하고 싶었던 말의 의미를 바로 알아차려 주기는 쉽지 않다. 서로 잘 아는 사이라 할지라도 잘못된 단어 하나가 오해로 연결되는 것은 충분히 가능한 일이다. 사실 이런 상황에서는 오해를 한 사람이 속이 좁다고 할 수도 없고 잘못 말한 사람이 무조건 잘못했다고 나무랄 수만도 없다. 그저 오해가 생기지 않도록 최대한 빠르게 자신의 본뜻을 전달하는 것, 그것이 가장 최고의 방법이다.

며칠 전 지인과의 식사 약속이 있어 저녁을 먹으러 나간 적이 있다. 그때 지인은 자신의 아는 선배가 미국에 있을 때 있었던 일이라며 이야기 하나를 해 주었다. 미국에서 공부할 당시 한국인 학생들과 함께 모여 앉아 수다를 떨고 있는데 같은 학교에 다니던 흑인 한 명이 지나갔다고 한다. 그러자 한국인 학생들 중 한 명이 이렇게 말했다는 것이다.

"저 사람은 꼭 연탄 같지 않냐? 연탄이랑 색이 똑같잖아."

그 말이 끝나자마자 지나가던 흑인이 걸음을 멈추고 그들을 바라보았고 그 순간 자신이 한 말은 아니었지만 창피해 얼굴이 붉어졌다는 것이다. 사실 흑인이 그들을 바라본 이유가 한국인 학생의 말을 알아들어서인지 아니면 자신을 바라보는 시선 때문이었는지는 모른다. 하지만 중요한 것은 피부색이 연탄과 똑같아 연탄 같아 보인다는 말을 당사자가 알아들었다면 무척 불쾌하고 심할 경우 상처를 받았을 수도 있다는 것이다.

실수에는 두 가지 종류가 있다. 이해를 할 수 있는 실수와 그렇지 않은 실수이다. 위에서 이야기한 D의 경우에는 이해를 할 수 있는 실수이다. 그리고 자신이 잘못된 단어를 선택했다는 사실도 그녀는 알고 있었을 것이다. 그렇기에 무엇인가 더 하고 싶은 말을 찾았을 것이기 때문이다. 또 저렴하다는 말을 들었던 대리닝 역시 단어를 잘못 이야기한 것 같다는 나의 말을 수긍해 주었다. 두 사람은 지금 좋은 선

후배로 서로에게 도움을 주며 잘 지내고 있다.

하지만 지나가던 흑인에게 연탄 같다는 말을 했던 한국인 학생은 이해할 수 없는 실수이다. 그는 아무런 의미 없이 그런 생각이 들었기 때문에 연탄 이야기를 했을 뿐이지만 듣는 사람에게 그 말은 상처가 될 수 있다. 그리고 그 자리에 있었던 사람이 함께 있었다는 것만으로 얼굴이 붉어질 정도였다는 것은 실수를 넘어 잘못이라는 의미를 담고 있기도 하다. 미국 유학을 하면서 흑인들이 피부색 하나만으로 백인들에게 얼마나 많은 차별을 받으며 살아가는지 모르지 않았을 텐데 그런 사람들에게 피부색 하나로 연탄이라는 말을 한다는 것은 상대에 대한 배려가 전혀 없었다는 말밖에는 되지 않는다.

사람은 누구나 실수를 한다. D의 실수처럼 가볍게 지나갈 수도 있는 실수도 한국 유학생처럼 주변 사람들의 따가운 시선을 받아야 할 만큼 무거운 실수도 누구나 할 수 있다. 중요한 것은 왜 그런 실수를 하게 되었느냐는 것이다. 내가 어린 시절 했던 것처럼 정말 모르기 때문에 말실수를 할 수도 있다. 이럴 때는 한 번 웃음거리가 되기는 했지만 그로 인해 새로운 것을 알게 되었기에 다시는 유사한 실수를 하지 않게 될 수 있다.

D의 경우는 자신이 하려던 말과 입으로 나온 말이 전혀 다른 경우이다. 대화를 할 때는 상황에 맞는 단어를 선택하는 것 또한 중요하다. 그렇기에 자신이 상대에게 하고 싶은 말이 무엇인지 그리고 그 말을 가장 잘 표현할 수 있는 단어가 무엇인지 한 번 더 생각하고 천천히 말을 해본다면 자신의 실수를 줄여 나갈 수 있다.

마지막으로 한국인 유학생의 경우에는 흑인에 대한 그의 생각과 사람에 대한 배려가 부족했기 때문이다. 흑인은 까맣다는 생각을 하면서 자신이 흑인이 아니라는 생각, 그리고 흑인들이 피부가 까맣다는 이유 하나만으로 백인들에게 얼마나 많은 차별을 받으면서 살아왔는지에 대한 이해가 부족했기 때문에 자신의 한마디가 인종 차별적 표현이 될 수 있다는 것을 알아차리지 못한 것이다.

만약 자신이 흑인이고 누군가 자신에게 연탄 같다는 말을 했을 때 어떤 기분이 들 것 같은지에 대한 생각을 한 번이라도 했다면 그는 아마도 그런 말을 하지는 않았을 것이다.

물론 누구나 완전하게 상대가 되어 그의 마음을 이해할 수는 없다. 다만 우리는 대화를 하면서 상대의 감정을 함께 느껴보기 위해 노력할 수 있을 뿐이다. 나는 그 노력이 상대에 대한 최소한의 배려고 예의라고 생각한다. 그런 노력마저 없다면 우리는 다른 사람들과 마음을 나누는 대화를 할 수가 없기 때문이다.

실수는 누구나 할 수 있다. 실수를 했을 때 가장 먼저 우리가 해야 할 것은 왜 그런 실수를 했는지에 대한 생각과 자신이 한 실수에 대한 인정이다. 스스로의 실수를 당당하게 인정할 수 있다면 상대에게 자신의 잘못을 사과하는 것 또한 당당하게 할 수 있다. 진심을 담은 사과를 한다면 상대 역시 당신의 마음을 알아줄 것이다.

그리고 실수에 대한 자책을 하기보다는 그 실수를 통해 또 하나를 배웠다는 생각을 해야 한다. 자책을 한다고 해서 내가 했던 일이 없었던 일이 되지는 않기 때문이다. 실수를 통해 또 하나를 배웠다고 생각한다면 자신의 잘못을 인정하는 것이 더 쉬워질 것이고 그러면 상대에게 마음을 담아 사과의 한마디를 전하는 것 또한 더 편안해질 수 있을 것이다.

몇 년 전, 나와 친한 언니인 J가 결혼을 했다. 그래서 그들 부부와 함께 강릉으로 여행을 간 적이 있었다. 언니 내외와 그들의 어린 아들과 함께 12월에 떠난 겨울 여행이었다. 태어나서 처음으로 바다를 본 아이는 모래사장에서 나와 함께 조개껍데기를 주웠던 기억이 좋았는지 그날 이후 텔레비전에서 바다가 나오면 이렇게 말했다고 한다.

"엄마, 우리 바다 갔었지! 조개도 주웠지! 가고 싶다."

아이의 기억 속에 다시 가고 싶을 정도로 좋은 추억으로 남은 그 여행을 생각해 보면 끝이 그다지 좋지 않았다. 언니 부부의 부부 싸움을 지켜봐야 했기 때문이다.

리조트에서 체크아웃을 하기 위해 짐을 챙기고 있을 때였다. 그녀의 남편은 차에 짐을 내려다 놓기 위해 여행 가방을 비롯한 모든 짐을 카트에 담고 있었다.

"자기야, 아기 옷가방만 빼놓고 가 줘요."

아들의 옷을 입히느라 뒤늦게 화장을 하던 언니가 말했다. 그리고 모든 짐이 차로 갔을 무렵 우리는 아기 옷가방이 함께 내려간 것을 알았다. 별다른 일이 없을 것이라 생각한 순간 사고가 일어났다. 식탁 위에 올려놓았던 물통을 아기가 쏟아버리고 만 것이다. 아이의 바지는 흥건하게 젖어 버렸고 옷을 갈아입히려던 언니는 옷가방이 없는 것을 확인하고 그만 짜증을 내기 시작했다. 체크아웃을 해야 할 시간이 얼마 남아 있지 않았던 것이다. 엎친 데 덮친 격으로 그녀의 남편에게 전화를 하려는 순간 현관문 열리는 소리가 들렸다.

"자기야! 아기 옷가방 놓고 가라고 했잖아요. 빨리 다시 가지고 와요."

그것이 싸움의 시작이었다. 그 후 약 10여 분간 두 사람은 말다툼을 했고 잠깐의 침묵을 가진 뒤 언제 그랬냐는 듯 화해를 했다. 나는 그 모습을 지켜보며 어디서 많이 본 듯한 장면이라고 생각했다.

사실 이런 사소한 일로 시작되는 말다툼이 J 부부의 일만은 아니다. 어느 집에서든 쉽게 볼 수 있는 상황이다. 그들의 말싸움은 옷가방에서 시작되었다. 아내의 두고 가라는 말을 남편이 듣지 못했던 것이다. 짐을 챙기는 것에 바빠 아내의 말을 주의 깊게 듣지 않았고 그로 인해 들었던 말을 잊어버리게 된 것이다.

이렇게 우리는 자신이 하던 일만 신경 쓰다 보면 주변 사람들의 말을 잘 듣지 못한다. 그러다 보면 그들이 했던 말을 금방 잊어버리게 되거나 잘못 알아듣는 경우가 생기게 마련이다. 누군가 나를 향해 말을 하고 있다면 잠시 하던 것을 멈추고 그 사람의 말에 집중을 해야 한다. 하지만 우리는 그렇게 하지 않는다. 일단은 내가 하고 있는 일이 먼저가 되는 것이다. 그 결과 누구는 말을 했는데 왜 안 했냐며 짜증을 내고 누구는 언제 말했냐며 화를 내어 싸움으로 이어질 수밖에 없다.

"맨날 못 들었대지. 내가 얘기할 때 뭐하고 항상 못 들었대요?"

"나도 짐 챙기고 있었잖아요. 못 들을 수도 있지!"

"얼마나 열심히 챙겼기에 사람이 말하는 것도 못 들어요? 오늘만이 아니잖아요. 늘 이런 식이지. 못 들었다고 하면 끝이지. 내가 다시는 여행 오나 봐라."

정말 유치하기 짝이 없는 대화다. 그런데 우리가 하는 대부분의 말싸움이 이런 식이다. 자신의 입장에서만 생각을 하는 것이다. 이것 또한 당연한 일이다. 우리는 상대가 아니기 때문에 상대의 입장이 되어 생각하기란 매우 어렵다. 솔직히 나는 불가능하다고 생각한다. 다만 우리가 할 수 있는 것은 상대의 이야기를 들으며 그의 상황에 대해 짐작해보는 노력을 할 수 있을 뿐이다.

J는 자신의 남편의 입장에 대해서는 전혀 생각해 보지 않았다. 오히려 적극적으로 외면했다고 해도 좋을 것 같다. 체크아웃 시간을 앞두고 물건을 빠짐없이 챙겨 담아야 했던 그 역시도 바쁘기는 마찬가지였다. 아이의 옷을 입히고 뒤늦게 화장을 해야 했던 J가 다급했던 만큼 그녀의 남편도 그랬다는 것을 조금만 이해해 주었다면 두 사람의 싸움은 시작되지 않았을지도 모른다.

게다가 '항상', '늘', '맨날'과 같은 표현은 한두 번의 실수를 매번으로 바꾸면서 상대의 감정을 건드리기에 충분한 표현들이다. 순간적인 실수를 매일같이 실수만 하는 것처럼 이야기하는데 기분 좋을 사람이 어디 있을까. 또 '다시는 여행 오나 봐라.'와 같이 여행 자체를 부정해 버리는 표현은 지난 시간 동안의 즐거움을 엉망으로 만들어 버리기에 부족함이 없었다.

대화를 하다 보면 유난히 말싸움으로 연결되는 사람이 있다. 혹은 더 이상 함께 이야기를 하고 싶지 않도록 만드는 사람도 있다. 그들의 특징 중 하나가 바로 상대의 감정을 동요시키는 표현을 많이 사용한다는 것이다. '항상', '늘', '맨날'과 같이 극단적인 표현과 '반드시', '꼭', '분명히'와 같은 당위적인 표현은 상대의 말과 행동을 부정함으로써 감정적으로 대처하도록 만든다. 그러다 보면 상대 역시도 유사한 표현을 사용하여 서로 감정싸움을 하게 된다.

서울 녹번동에 있는 한 다세대 주택에서 불이 났다. 신고를 받고 출동한 경찰은 불이 난 원인을 확인하고 현장에서 범인을 붙잡았다. 불이 난 원인은 옷가지에 불을 붙여 태우던 중 불씨가 확산되어 집 전체로 옮겨 붙은 것이었고 범인은 다름 아닌 그 집의 주인이었다. 남편과 말싸움을 한 아내가 남편이 집을 나간 뒤 홧김에 남편의 옷을 화장실에서 태우다 불이 번진 것이다.

아내의 화는 옷을 태우는 것으로 끝나지 않았다. 구급차 운전을 하던 남편의 차량을 망치로 두들겨 부수기까지 했다. 결국 아내는 현행범으로 잡혀 경찰 조사를 받게 되었다.

정말 어이없지 않은가. 흔히 '부부싸움은 칼로 물 베기'라고 하는데 홧김에 시작된 옷 태우기가 방화로 연결돼 자신의 집을 몽땅 태워버릴 수 있었던 상황이었다. 그리고 남편의 직업과 결정적으로 연결되는 자동차를 망치로 두들겨 부순 것도 보통 일은 아니다.

보통 사람들은 말싸움을 가볍게 생각하는 경우가 있다. 그저 대화를 하다가 잠시 몇 마디 거칠게 주고받는 것이라 여기기도 하지만 위의 '녹번동 방화사건'과 같이 범죄로 이어지는 경우도 적지 않다. 그래서 말싸움은 가볍게 여기고 넘어갈 일만은 아니다.

말을 하다가 싸움이 되는 이유는 상대의 감정을 상하게 만드는 표현을 우리가 아무렇지 않게 사용하고 있기 때문이다. 자신의 말과 행동을 한순간에 습관화시키고 부정해버리는 상황에서 화가 나지 않을 사람은 없다. 그리고 그 화가 주체하지 못할 지경에 다다르면 우리의 생각을 뛰어넘는 무서운 일이 벌어질 수 있는 것이다.

또 싸움을 하다 보면 언성을 높이며 거친 표현을 사용하기도 한다. 한 마디로 더 이상 말이 통하지 않는 상태가 되는 것이다. 서로 같은 말을 반복하며 누구 목소리가 더 큰지 시합이라도 벌이듯 소리를 지르고 심할 경우 물건을 집어 던지기도 한다. 이때가 되면 어느 한 쪽이 멈추지 않는 한 싸움은 끝날 줄을 모른다. 서로 감정만 더 고조되는 것이다.

우리는 우리 자신이 말싸움에 자주 휘말리는지 한번 돌아봐야만 한다. 그리고 말싸움을 많이 하게 되는 이유에 대해서도 생각을 하고 우리의 말 습관을 점검할 필요가 있다.

'맨날 못 들었대지.'라고 이야기하기보다 '짐 챙기면서 내 말도 좀 들어주죠.'라고 말한다면 어떨까. 그럼 상대도 자신이 제대로 들어주지 않은 것에 대해 미안함을 느끼게 될 것이고 서로 얼굴을 붉히는 싸움으로 이어지지는 않을 것이다. 이제는 괜한 말싸움으로 서로 감정 낭비를 하기보다는 상대에게 사과할 수 있는 기회를 주는 한마디로, 내 마음을 전달하길 바란다.

　세상에서 어려운 것 중의 하나는 사람의 마음을 움직여 행동으로 이어지게 만드는 것이다. 사람들은 자신의 미래를 위해 어떤 것을 해야 할지 고민하고 계획을 세운다. 그리고 그것을 지키기 위해 노력한다. 하지만 그 노력이라는 것이 말처럼 쉬운 것은 아니다. 더욱이 끈기가 약하고 뒷심이 부족한 사람들은 실천을 하기가 정말 어렵다. 나 역시도 머리로 생각하는 것을 행동으로 옮기는 것을 잘하지 못하는 사람이기 때문에 그 어려움에 대해 누구보다 잘 알고 있다고 자신한다.

　우리가 사용하는 말 중에는 새롭게 생겨나는 단어들이 참 많다. 최근에 내가 들은 말 중에는 '현피'라는 단어가 있었다. 처음 이 말을 들었을 때는 도저히 무슨 뜻인지 알 수가 없어 한참을 고민해야 했었다. 현피란, '현실'의 앞 글자 '현'과 'Player Kill'의 첫 알파벳 'P'의 합성어이다. 즉 가상공간이라고 할 수 있는 게임 속에서의 싸움과 죽고 죽이는 행동들이 현실에서도 나타난다는 의미이다.

나도 모바일 게임을 즐겨 하는 편이다. 처음 게임을 시작할 때는 밤을 지새울 정도로 열심히 해서 높은 레벨로 빠르게 올라간다. 그 이후로는 꾸준하게 게임을 즐기며 1년 정도를 하나의 게임만 한다. 그래서 게임을 하며 만난 유저들과 메시지를 주고받거나 게임 아이템을 서로 선물하는 일이 꽤 자주 있는 편이었다. 그런 나에게도 '현피'라는 말은 어쩐지 실감이 나지 않고 믿고 싶지도 않았다.

그런데 실제로 '현피'가 일어날 수 있다는 것을 믿게 만드는 기사를 하나 접하게 되었다. 2015년 5월 29일자 헤럴드 경제에서는 '온라인 말싸움이 현실에서 흉기로…… '현피' 살인미수까지'라는 기사가 보도되었다.

기사의 내용은 이렇다.

30대 남성이 모바일 게임을 하던 중 자신에게 반말을 하는 어린 남성과 말다툼을 하게 되었다. 그리고 말싸움이 심해지자 두 사람은 만나서 마저 싸우자며 약속을 잡았고 화가 났던 30대 남성이 흉기를 준비해 범행을 저지른 것이다. 이 사건으로 가해자가 된 남성은 1년 8개월의 징역을 선고받게 되었다.

정말 끔찍한 일이 아닐 수 없다. 단순하게 재미로 시작한 모바일 게임 속에서 만난 또 다른 유저와 말다툼을 하게 되고 그로 인해 미리 흉기까지 준비하여 사람을 찔렀다는 것은 정말 엄청난 일이 아닐 수 없다.

얼굴을 보지 않는 온라인상에서 네티즌이 서로 막말을 주고받는 일은 이제 더 이상 놀랄 일이 아니다. 나도 인터넷 기사를 볼 때 기사 아래에 남겨진 댓글을 읽으며 눈살을 찌푸린 적이 한두 번이 아니다. '과연 현실에서 얼굴을 보고 있었다면 이렇게까지 심하게 말할 수 있을까?' 하는 생각이 절로 들고는 했다.

단지 피해자와 가해자가 다른 네티즌들과 달랐던 점은 말다툼에서 끝나지 않고 현실에서 만나자고 제안을 했고 그 약속을 지키기 위해 두 사람 모두 약속 장소로 나갔다는 사실이다. 이 와중에 한 사람은 흉기를 준비하기까지 했다. 두 사람을 이렇게 행동하게 만든 힘은 무엇이었을까?

바로 감정이다. 두 사람은 처음 대화를 시작했을 때와는 다르게 대화를 하면 할수록 감정이 격해지고 있었을 것이다. 그리고 화가 나고 흥분해서 만나자는 말을 하게 되었을 것이었다.

우리는 흥분을 하기 시작하면 깊은 생각을 할 수 없다. 흥분했다는 것은 더 이상 자신의 감정을 스스로 제어할 수 없는 상태가 되었다는 의미가 되기 때문이다. 가슴이 두근두근 거리고 무엇인가에 홀린 듯 머릿속에 떠오른 말과 생각을 행동으로 옮기게 된다. 가해자는 피해자를 죽이고 싶다는 생각을 하게 되었고 정말로 죽이기 위해 칼까지 챙겨들었다. 그 순간에 사람을 죽이면 어떻게 되는지에 대한 깊은 생각은 전혀 할 수가 없었을 것이다. 이미 흥분한 감정이 그의 이성을 지배하고 있었기 때문이다.

보통 사람들은 흥분을 하면 생각나는 말을 거르지 않고 입 밖으로 내뱉는다. 그리고 그 말이 곧 실수가 되어 자신에게 좋지 않은 영향을 미칠 것이라는 점은 아예 생각조차 할 수가 없다. 또 정리되지 않은 말을 즉흥적으로 하다 보니 말을 더듬는 모습을 보이기도 한다. 했던 말을 여러 번 반복하기도 한다. 이러다 보면 상대와 심각하게 싸움을 하게 되는 것이다. 우발적인 사고의 대부분이 흥분 상태에서 일어나는 이유가 여기에 있다.

그렇다고 가슴이 두근거리고 생각한 것을 그대로 행동으로 옮기는 힘이 모두 흥분인 것은 아니다. 사람들 중에는 자신이 가지고 있는 감정을 다른 사람들에게 전달하며 듣는 사람으로 하여금 움직이게 만드는 힘을 가지고 있는 이들도 있다.

2015년 8월에 있었던 일이다. 앞에서 이야기했듯 나는 머리로 생각하는 것은 많지만 그것을 행동으로 옮기지 못하는 사람이다. 실행력이 아주 부족한 사람이라고 할 수 있다. 끈기가 있는 것도 아니어서 언제나 시작은 거창하게 해놓고 마무리를 짓지 못하는 사람 중 한 사람이었다.

그런 내가 우연히 인터넷 서점을 돌아다니던 중 책 한 권을 접하게 되었다. 읽고 싶다는 생각 하나로 책을 주문하고 직장에 다니며 아침, 저녁으로 조금씩 읽어나가기 시작했다. 그리고 이 책을 쓴 사람을 만나고 싶다는 생각을 하게 되었다.

나는 책 한 권을 통해 난생처음으로 자기계발 워크숍을 내 돈 내고 참석하게 되었다. 시력이 나쁘기 때문에 내가 알지 못하는 새로운 곳에 대한 두려움이 많은 내가 혼자서 사람들이 우글거리는 곳을 찾아간다는 것은 그야말로 도전이었다. 그리고 더 놀라운 것은 워크숍을 진행하는 강연가의 모습과 말들 속에서 신뢰를 얻고 그에게 배우고 싶다는 결심을 내리게 되었다는 것이다. 그분이 바로 내가 이 책을 쓸 수 있도록 이끌어주신 '천재작가 김태광의 36세 억대 수입의 비결 새 벽에 있다'의 저자 김태광 작가이다.

지금 생각해도 정말 신기한 일이다. 나라는 사람은 책 한 권을 읽 고 그것을 행동으로 옮길 수 있는 사람이 절대 아니다. 실행력이 부족 한 것이 내 자신에게 갖고 있는 가장 큰 불만이었기 때문에 나는 그 것을 잘 알고 있다. 게다가 나는 작가라는 꿈을 가지고 살아오면서 소 설을 쓰고 싶다고 생각했지 자기계발서와 같은 실용 도서를 쓰고 싶 다는 생각을 해본 적이 없었다. 그런데 그분의 말 몇 마디에 소설을 잠시 접어두고 실용 도서를 읽고 쓰는 것에 열중하고 있는 내 자신이 정말 기특할 뿐이다.

그렇다면 사람들의 행동을 이끌어내는 김태광 작가의 힘은 무엇일 까? 그를 통해 가슴이 두근거리고 자신이 하고자 하는 일을 향해 두 려움 없이 한 걸음 내딛는 사람들이 많다. 그가 가지고 있는 힘은 바 로 '열정'인 것이다.

김태광 작가는 청중들 앞에서 책 쓰기에 대한 작가로서의 자신의 열정을 아낌없이 보여준다. 그리고 그 열정에 매혹되어버린 나와 같 은 사람들이 자신의 꿈을 향해 다시 한 번 용기를 낼 힘을 얻게 되 는 것이다.

이렇게 열정과 흥분은 정말 종이의 앞면과 뒷면처럼 한 끗 차이라고 할 수 있다. 하지만 그 한 끗 차이가 가지고 오는 결과는 천지차이가 되고 만다.

우리는 우리의 이야기를 사람들에게 말할 때 열정을 가지고 이야기해야 한다. 열정을 담아 이야기를 할 때도 우리의 가슴은 두근두근 달음박질을 한다. 하지만 그 두근거림은 자신의 감정을 어찌할 줄 모르는 흥분 상태와는 전혀 다르다. 말을 더듬고 했던 말을 반복하는 것이 아니라 자신이 하고자 하는 말에 힘을 실어 정확하게 전달할 수 있게 된다. 그러면 사람들은 내가 가지고 있었던 두근거림을 함께 느끼며 자신을 위한 행동으로 옮기게 되는 것이다.

말을 할 때 우리는 흥분을 하지 않도록 자신의 감정을 잘 다스릴 줄 알아야 한다. 그리고 그것이 곧 싸움을 피할 수 있는 지름길이라는 것도 알아야 한다. 우리가 흥분을 하지 않는다면 상대가 아무리 감정적인 말들로 우리를 자극하려 해도 우리는 현명하게 그 자극을 피해 나갈 수 있다. 그리고 흥분 대신 그 자리에 우리의 열정을 담아낸다면 우리의 이야기를 듣는 사람들의 가슴에 따뜻한 울렁거림을 가져다 줄 수 있을 것이다.

06

부정어법을 쓰는 사람은 대결 상황을 만든다

전시 진행을 마치고 나오는 길이었다. 나는 내가 사용했던 곳을 다시 한 번 둘러보기 위해 전시장 안으로 들어갔다. 그러다 그만 실수로 다른 진행자와 부딪치고 말았다.

"아, 진짜!"

내가 사과도 하기 전 진행자 H의 짜증 섞인 목소리가 들려왔다.

"미안해요."

나는 부딪친 것에 대해서 사과를 했다. 그러자 H는 괜찮다고 말하며 자신의 자리로 돌아갔다. 문제는 그때부터였다. 자신의 자리로 돌아간 그는 조용히 무슨 말을 하고 있었던 것이다.

"아, 진짜 짜증 나. 왜 저렇게 문을 세게 닫아. 문 부서지겠네. 사람들이 조심성이 없어. 아, 짜증 나."

관람객들과 함께 이동을 하는 또 다른 진행자에게 하는 말이었다. 그 문은 누가 닫아도 소리가 꽤 크게 나는 문이었기에 나는 H를 다시 한 번 흘긋 보게 되었다. 그녀는 마치 나에게 하고 싶은 불만을 다른 사람을 향해 쏟아내고 있는 것 같았다.

H가 자주 투덜거린다는 말은 다른 동료들을 통해 여러 차례 들은 적이 있었다. 하지만 내가 있는 자리에서 그런 모습을 본 적이 몇 번 없었기 때문에 나는 사람들의 말을 심각하게 생각하지 않았다. 하지만 그날의 모습을 보자 나도 H를 다시 보게 되었다.

좁은 공간에서 전시를 진행하다 보면 서로 부딪치는 일이 생길 수 있다. 그리고 그런 상황은 꼭 누구 한 사람의 책임이 아니기 때문에 서로 미안하다는 한마디 정도면 그냥 웃으면서 지나칠 수 있는 일이라고 나는 생각했다. 그래서 굳이 잘잘못을 따지지 않고 부딪치면 먼저 다가가 사과하는 편이다.

그날도 나는 그런 의미였다. 그런데 나에게는 괜찮다고 말을 하고 다른 진행자를 향해 짜증을 토로하는 모습을 보고 있자니 갑자기 나도 기분이 나빠지는 것을 어떻게 할 수가 없었다. 나는 순간 H에게 말하고 싶었다.

"저 문이 세게 닫히는 건 누구나 다 아는 거잖아요. 나한테 불만이 있으면 나한테 말을 해요."

만약 내가 이렇게 말했다면 상황은 어떻게 됐을까? 우리는 분명히 다툼을 하게 되었을 것이다. 나는 그래서 다음 전시를 준비하러 간다는 핑계로 그 자리를 피해 버렸다. 하지만 기분은 정말 좋지 않았다.

나 역시도 과거에 많이 사용했던 표현 중 하나가 '짜증 나!'였다. 그다지 생각해 보면 짜증 날 일도 아닌데 나는 그 말을 참 많이 쓰면서 지냈던 것 같다. 그러다 보니 늘 예민해져 있었고 상황을 있는 그대로 보기보다는 한 번 비꼬아서 생각하는 일도 많았다. 그리고 그 결과는 늘 다툼으로 이어졌다. 유난히 집에서 짜증을 많이 부렸던 나는 가족들과 많은 다툼을 하면서 살아왔다.

내가 말의 중요성을 알고 나서 제일 먼저 바꾸어야겠다고 생각한 것이 바로 그 '짜증 나!'였던 이유도 여기에 있다. 사람들이 흔하게 이야기하는 머피의 법칙 중 하나가 시험 보는 날 아침에 단추가 떨어지면 그 시험에서 떨어지고 계란을 깨면 망친다는 것이다. 그래서 우리 집에서도 가족 중 누군가가 시험을 보거나 면접을 보면 계란과 미역국은 절대로 올라올 수 없는 반찬이었다.

그리고 아침에 나쁜 일이 생기면 하루 종일 좋지 않은 일들만 생겨 일이 꼬인다고 말하는 사람들이 많다. 나도 그런 것들을 믿는 사람 중 한 사람이었다. 그런데 내가 말의 중요성을 깨닫고 나서 느낀 것은 아침에 나쁜 일은 나의 하루와는 아무런 관련이 없다는 사실이다. 좋지 않은 일이 자꾸만 생기는 것은 그저 계속해서 짜증을 내고 있는 나의 마음 때문일 뿐이다.

전시 진행을 하면서 서로 조금씩 부딪치는 일은 언제든지 일어날 수 있는 일상이다. 그런데 그런 일상 속에서 짜증을 내기 시작하면 그 사람의 하루는 그야말로 엉망이 되고 만다. 게다가 자신에게 짜증을 내고 있다는 것을 안 순간 상대 역시도 감정이 상하고 심한 경우 두 사람은 싸움을 할 수도 있게 된다. 혹은 내가 그랬던 것처럼 그 순간을 피해 싸움은 면할 수 있을지 모르지만 좋지 않은 감정은 계속 유지가 되기 마련이다. 그런 것들은 언젠가 의도하지 않았던 곳에서 터지는 경우가 대다수다.

미국의 비즈니스 커뮤니케이션 전문가 샘혼은 저서 '적을 만들지 않는 대화법'에서 자신의 워크숍에 참여한 참가자들을 대상으로 했던 한 일화를 소개했다.

워크숍에서는 이따금 두 사람씩 짝을 이루어 한쪽은 독신을 옹호하고, 다른 한쪽은 결혼 생활을 예찬하는 연습을 하고는 한다. 목표는 상대가 생각을 바꾸도록 설득해내는 것이다. 이때 자주 이루어지는 대화는 다음과 같다.

"어떻게 늘 같은 사람과 함께 살 수가 있어요? 너무 지루해요. 독신일 때는 원하는 사람과 원하는 때, 원하는 곳에 얼마든지 갈 자유가 있지요."

"그래요. 하지만 그런 자유는 곧 싫증나는 법이에요. 밤늦게 집에 돌아오지 않을 때 걱정해주는 누군가가 있다는 게 얼마나 좋은데요."

"하지만 결혼은 구속이에요. 주택담보대출이며 청구서며 집안 살림이며 일이 끝이 없죠."

"그렇기는 해요. 하지만 흥청망청 파티가 밤마다 이어지는 독신생활도 그저 빛 좋은 개살구일 뿐이에요."

이런 식으로 5분가량 시간이 흐른 후 대화를 중단시키고 느낌을 말하게 한다. 그러면 다만 역할 연습을 했을 뿐인데도 상대에 대해 화가 치민다는 대답이 나오고는 한다. '하지만'이라는 단어를 얼마나 자주 사용했는지 물어보면 말한 사람 스스로도 놀랄 정도로 거의 매번 그 단어가 등장했다는 사실을 알게 된다.

위의 일화에서 우리는 '하지만'이라는 접속사가 얼마나 대단한지를 알 수 있다. '하지만'은 상대의 말을 부인하고 그와 다른 의견을 이야기하게 함으로써 상대에게 부정적인 느낌을 가지게 만든다. 그러다 보면 감정이 상하기 시작하며 기분이 나빠진다. 결국 말싸움으로 이어질 수 있는 것이다.

부정적인 표현이 들어간 부정어법은 이렇게 서로의 감정을 상하게 함으로써 다툼으로 이어지게 만든다. 좋은 마음이었다가도 '짜증나.'라는 말을 지속적으로 여러 차례 듣게 되고 자신이 한 말에 '하지만'이라는 접속사를 넣어 이야기를 하면 불쾌감을 느낄 수밖에 없다. 우리가 긍정적인 표현을 사용해서 대화를 해야 하는 이유가 여기에 있는 것이다.

"어떻게 늘 같은 사람과 함께 살 수가 있어요? 너무 지루해요. 독신일 때는 원하는 사람과 원하는 때, 원하는 곳에 얼마든지 갈 자유가 있지요."

"맞아요. 독신일 때는 그런 자유가 있어요. 그리고 결혼을 해서도 소중한 사람과 함께 그런 자유를 느끼며 살아갈 수 있어요."

"그럴 수도 있겠네요. 그리고 신경 써야 할 일거리들도 많아지겠죠?"

"맞아요. 사실 신경 써야 할 건 좀 많아요. 그 대신 소중한 사람들과 더 많은 의견을 나누며 이야기를 할 수 있잖아요."

위의 일화를 이렇게 바꾸어보면 어떨까. 상대의 말을 인정하면서 자신이 하고 싶은 이야기를 한다면 사람들은 우리의 말에도 귀를 기울이게 될 것이다. 그리고 서로의 의견을 교환하며 그동안 자신이 하지 못했던 새로운 생각을 하게 될 수도 있고 자신의 생각과는 다른 방향으로 상황을 바라볼 수도 있다.

우리는 우리가 이야기를 할 때 부정적인 표현을 사용하는 부정어법을 쓰고 있지는 않은지 한 번쯤 돌이켜 생각할 수 있어야 한다. 부정적인 표현은 단순하게 상황을 부정적으로 보는 것이 아니다. 그 말을 하는 나의 기분도 나쁠 뿐만 아니라 듣고 있는 상대의 마음까지도 상하게 만들 수 있다. 그리고 또 다른 부정적인 일이 다가올 수도 있다는 것을 꼭 기억해야 한다.

이제부터는 긍정적인 표현을 사용하며 긍정어법으로 대화를 하면 어떨까. 내가 과거에 '짜증 나.'라는 표현으로 가족들과 많은 다툼을 했던 것에서 '짜증 나.'를 줄임으로써 다툼에서 자유로워진 것처럼 당신에게도 새로운 변화가 찾아오게 될 것이다.

07

목적에 맞게 대화 시간을 조절해라

나는 대다수의 체육 시간을 참관 수업으로 진행할 수밖에 없었다. 다른 친구들처럼 마음껏 달리고 공을 가지고 피구나 발야구 같은 것을 하는 건 나에게는 위험이 너무 컸다. 그래서 늘 체육 시간이 지루하고 재미없었다. 무엇보다 다른 친구들처럼 뛰놀고 싶은데 그럴 수가 없었기 때문에 부러운 시선으로 아이들을 바라보아야만 했다.

중학교 2학년 때였던 것으로 기억난다. 그렇지 않아도 싫은 체육 시간이 더 싫어진 때가 있었다. 그 이유는 당시 체육 선생님 때문이었다. 50분 동안 운동장 한쪽에 앉아 친구들을 바라보고 있는 나에게 다가온 선생님은 이렇게 말하고는 했다.

"내가 어렸을 때는 말이야."

나는 알지도 못하고 알고 싶지도 않은 자신의 어린 시절 이야기를 늘어놓으며 요즘 아이 같지 않았다느니 이런 어려움을 겪었다느니 하는 식의 이야기들을 늘어놓으면 정말 지루한 체육 시간이 더 재미

없어지기만 했다.

우리 주변에는 이렇게 하지 않아도 되는 말을 하면서 시간을 낭비하는 사람들이 적지 않다. 체육 시간은 엄연한 정규 수업 시간이었고 그 시간에 사담을 늘어놓는 것은 학생들에게 좋은 이미지로 보일 수는 없다.

그렇다고 수업 시간에는 수업만 해야 한다고 말하는 것은 아니다. 수업 시간에 사담을 하면서 수업 분위기를 더 재미있게 만드는 선생님들도 있다. 이런 경우에는 대개 학생들이 그 수업을 기다릴 정도로 인기가 많은 선생님이다. 그들은 수업 중간 중간 아이들이 잠시 쉬어갈 수 있도록 재미있는 이야기를 해주고 그 시간 또한 수업에 방해가 되지 않도록 적절히 조절한다. 그렇기에 필요 없는 말을 듣고 있다는 생각이 들지 않고 그 이야기에 더 집중을 할 수 있는 것이다.

얼마 전 직장에서 만나 친해진 언니와 전화 통화를 한 일이 있었다. 퇴근길에 어쩐지 심심하기도 하고 언니와 연락하지 않은 지 꽤 오래되어 잘 지내는지 궁금하기도 했다. 그런데 끊을 무렵이 되었을 때 우리는 서로 놀라고 말았다. 8시가 조금 넘어 시작된 통화는 어느새 새벽 1시가 넘어 있었던 것이다.

나는 한 번 전화기를 들면 기본 2시간을 떠든다. 무슨 할 말이 그렇게 많은지 말을 하다 보면 끝이 없을 정도로 이야기보따리를 풀어놓고는 한다. 그렇다고 나 혼자서 떠드는 것은 아니다. 상대도 같이 시간 가는 줄 모르고 통화를 한다. 더 신기한 것은 평소에 전화를 길게 하지 않고 용건만 말하고 3분 안에 끊는 사람과도 나는 2시간 넘게 통화한 적이 꽤 많다는 것이다.

하지만 이런 나의 습관이 좋은 것만은 아니라는 생각이 들기 시작했다. 내가 무엇인가 해야 할 일이 있을 때 혹은 하고 있을 때 사람들이 전화를 걸어오면 끊을 생각을 하지 않고 자신의 이야기를 늘어놓는 일이 많아졌기 때문이다. 그러다 보니 정작 내가 당장 해야 할 일을 하지 못하고 시간을 낭비한다는 생각이 들었다.

더 중요한 것은 나에게는 지금 해야 하는 것들이 있기 때문에 상대의 말을 집중해서 들어줄 수가 없다는 사실이다. 오히려 어떤 타이밍에 전화를 끊을 수 있을지를 생각하며 전화를 끊을 생각으로 머리가 가득 차 버리고는 한다. 그런 내 마음이 수화기 저편에 있는 상대에게 전달되지 않을 리 없다. 결국 상대가 알아서 눈치를 채거나 내가 상대의 말을 자르고 전화를 마무리해야 하는 일들이 많아졌다.

사람들이 나와의 대화를 좋아하는 것은 '말할 맛'이 나기 때문이다. 자신의 이야기를 들어주고 있다는 것을 느끼기 때문에 하고 싶은 말이 많아진다. 그런데 어떻게 하면 이 대화를 마무리 지을 수 있을지에 대해 고민하고 있다는 것을 알면 얼마나 서운할까. 나는 사람들에게 미안함 마음까지 들었다.

그래서 나는 이런 나의 습관을 어떻게 또 다른 습관으로 바꿀 수 있을까에 대한 고민을 했다. 사람들과 즐겁게 대화도 하고 내가 하고 있는 일에 대한 방해도 받지 않을 수 있는 방법에 대해 생각하기 시작한 것이다.

나는 여러 가지 생각 끝에 전화를 걸 때마다 하는 질문이 하나 생겼다.

"지금 통화 가능해요?"

내가 갑자기 걸려온 전화로 인해 난감했을 때가 많았기 때문에 내 전화를 받는 상대도 똑같은 상황이 있을 수 있다는 생각이 들었다. 아주 당연한 것인데 그동안 내가 잊고 있었던 부분이기도 했다. 그래서 통화 가능 여부를 먼저 묻기 시작하자 사람들은 제각각 자신의 상황을 이야기하고는 했다.

가능하다고 하는 사람도 있고 지금은 무엇을 하고 있으니 잠시 뒤에 다시 하겠다는 이들도 있었다. 또 어떤 사람은 지금 잠깐은 가능하다고 하기도 했다. 이렇게 나와의 통화를 어느 정도 할 수 있는지 미리 알게 되면서 나 역시도 여유롭게 다양한 이야기를 할 수 있을 때와 용건을 간단하게 말해야 할 때 또는 메시지를 보내 놓아야 할 때를 구별할 수 있게 되었다.

내가 먼저 통화가 가능한지에 대한 질문을 하자 나에게 전화를 걸어오는 상대 역시도 똑같은 질문을 나에게 하기도 했다. 그러면 나는 그들이 그랬던 것처럼 나의 상황을 이야기해 준다. 내가 바쁠 때는 상대 역시도 용건만 간단하게 말을 하고 나는 그것에 대한 대답을 충분히 해줄 수 있게 되었다. 원래 전화를 걸었던 목적은 사라지고 수다만 떨다가 대화 시간만 길어지는 일은 더 이상 일어나지 않았다.

우리에게 주어진 하루는 24시간으로 1,440분이다. 우리는 그 시간 안에 해야 할 일들이 너무나 많다. 직장을 다니며 회사에서 해야 할 몫이 있고 한 가정의 일원으로서 해야 하는 역할이 있다. 아직 결혼을 하지 않은 나도 부모님에게 사랑스런 막내딸로, 조카에게는 언제나 잘 놀아주는 막내 이모의 역할이 있다.

직장과 가족뿐 아니라 우리는 자기 자신의 발전을 위해 끊임없이 노력한다. 책을 읽는다거나 학원을 다니면서 다양한 정보를 접하고 새로운 것을 배우고 있다. 거기에 활기찬 생활을 위한 휴식과 친목의 시간은 우리에게 꼭 필요한 부분이라고 할 수 있다.

이렇게 짧기만 한 하루 속에서 내가 원하지 않는 지나치게 길어진 잡담은 그야말로 우리 생활의 스팸과 같다. 우리의 시간을 낭비하게 만드는 귀찮은 스팸 역할을 톡톡히 하는 것이다. 우리는 하루 24시간 1,440분이라는 한정된 시간 속에서 서로의 시간을 존중하며 대화를 할 수 있어야 한다.

대화가 필요 이상으로 길어지는 이유는 목적이 명확하지 않기 때문이다. 그러다 보니 이런 이야기, 저런 이야기 다양하게 하다가 시간가는 것 자체를 잊어버리게 된다. 서로의 시간이 충분히 확보되어 있고 대화를 하고 싶을 때라면 이렇게 오랜 시간 다양한 수다를 떨어도 상관없다. 오히려 이런 시간이 스트레스를 해소시켜 주고 기분 전환을 시켜 주기도 한다. 하지만 누군가에게는 기분 전환이 다른 사람에게는 시간 낭비가 되고 있다면 그것은 좋은 대화라고 할 수 없다.

그래서 우리는 우리에게 주어진 대화 시간이 어느 정도 되는지를 먼저 확인하고 그 시간에 맞게 말을 해야 한다. 시간이 많을 때는 하고자 했던 이야기와 함께 또 다른 말을 해도 되지만 그렇지 않다면 하고 싶었던 말만을 효과적으로 전달해야만 했다. 우리에게 주어진 한정된 시간 속에서 서로에게 불편함을 주는 스팸 같은 존재가 되어서는 안 되기 때문이다.

우리는 시간의 소중함을 자주 잊어버린다. 나 역시도 나에게 주어진 시간이 무한할 것이라는 착각에 종종 빠지고는 한다. 하지만 우리의 시간은 한 번 지나가면 다시 돌아오지 않을 정도로 가치가 있고 24시간 1,440분 86,400초로 이루어져 있다. 정확하게 수치화할 수 있을 정도로 시간은 유한하다는 것이다.

우리는 이렇게 유한한 시간 속에서 여러 가지 일을 하며 다양한 사람들과 수많은 대화를 하면서 살아간다. 그렇기 때문에 우리는 우리의 대화 시간조차 상황과 목적에 맞게 조절할 수 있어야 한다. 그래야만 서로에게 귀찮은 스팸 문자가 아닌 정보를 공유하고 마음을 나눌 수 있는 사람이 될 수 있다.

이제 우리는 선택만 하면 된다. 사람들에게 스팸 같은 사람이 될 것인가, 아니면 유용한 정보를 주는 매거진 같은 사람이 될 것인가. 선택은 여러분의 몫이다.

08

상대의 이름을 기억해라

내가 그의 이름을 불러 주기 전에는 …… 잊히지 않는 하나의 눈 짓이 되고 싶다.

우리에게 너무나 잘 알려져 있는 김춘수 시인의 '꽃'의 일부분이다. 처음 이 시를 접했을 때는 사랑하는 사람에게 보내는 연시 정도로 생 각했다. 그런데 문학 시간에 이 시에 대한 해석을 배웠을 때 아름답다 고만 생각했던 시가 갑자기 어렵게 느껴졌던 기억이 난다.

이 시는 사람의 존재 자체에 대한 시이다. 우리가 누군가의 이름을 불러주었을 때 그 사람의 존재가 의미 있어지고 아름다운 한 송이의 꽃이 된다는 것이다. 사람들이 서로 이름을 부르는 단순한 행동이 얼 마나 큰 의미를 담고 있는지 알 수 있다.

한국의 콜라로 잘 알려진 맥콜을 만든 회사인 (주)일화는 1998년

부도를 맞이했다. 그 당시 법정 관리인으로 취임한 이종배 사장의 활약이 아니었다면 일화는 다시 일어나기 어려웠을 것이다. 그리고 회사를 다시 일으켜 세우려는 직원들의 단합된 마음 또한 일화를 성장시키는 원동력이 되었다.

달리는 CEO로 잘 알려진 이종배 사장은 마라톤을 무척이나 좋아했다. 그래서 회사 내에 마라톤 동호회를 직접 조직하여 직원들과 함께 뛰기도 했다. 그가 조직한 마라톤 동호회는 이전에 있었던 동호회를 제치고 일화의 제1의 조직으로 급부상하였다.

CEO가 직접 조직한 동호회가 직원들의 관심을 끌고 회사를 성장시키는 원동력이 될 수 있었던 것은 이종배 사장의 직원들에 대한 관심이 큰 역할을 했다. 그는 자신과 함께 마라톤 대회에 참가한 직원들을 기억하고 그들의 이름을 다 알고 있을 정도로 직원들에 대한 애정이 남달랐다. 그러다 보니 직원들 역시 음료수를 월급으로 받아야 하는 회사의 경영난 속에서도 똘똘 뭉칠 수 있었던 것이다.

좋은 제품이 있어도 홍보비가 없었던 일화는 직원 400여 명이 상품의 이름을 새긴 유니폼을 입고 마라톤을 뛰었다. 그리고 그 중심에는 이종배 사장이 있었다. 이렇게 마라톤이라는 스포츠를 통해 직원들이 하나가 되었기에 지금의 일화가 있을 수 있었던 것이다.

회사의 규모가 크면 클수록 소위 말하는 실장, 본부장과 같이 높은 직급에 있는 사람들일수록 직원들의 이름을 기억하지 못하는 경우가 많다. 그들은 자신에게 보고를 올리는 직원들은 잘 알고 있지만 한 팀의 인턴이나 계약직, 신입 직원과 같은 일명 말단 사원들의 이름에는 크게 관심이 없다. 심지어는 자신의 부서에 어떤 사람이 있고 몇 명이 있는지에 대해서도 알지 못하는 경우도 있다.

실장이나 본부장도 이럴진대 하물며 사장이 함께 마라톤을 뛴 것만으로 자신의 이름을 기억하고 불러준다면 직원들의 사기는 올라갈 수밖에 없다. 그것은 곧 자신에 대한 관심을 의미하기 때문에 자신의 업무를 더 열심히 할 수밖에 없는 것이다. 이렇게 이름을 불러주는 행동은 단순해 보이지만 그 힘은 어마어마하다.

나는 전시를 진행할 때 학생들이 오면 이름을 한 번씩 물어본다. 그리고 최대한 그 이름을 불러주려고 노력한다. 물론 진행을 하다 보면 이름이 헷갈리거나 두 아이의 이름을 서로 바꾸어 부르는 등의 실수도 자주 한다. 나도 사람이기 때문에 짧은 시간 안에 여러 사람의 이름을 외우는 일이 쉽지는 않다.

그렇다 하더라도 잘못 부르면 잘못 부르는 대로, 바꾸어 부르면 바꾸어 부르는 대로 우리만의 에피소드가 된다. 그런 과정을 거치면서 나 역시도 아이들의 이름을 더 확실하게 외워가는 것이다.

내가 이름을 불러준 사람들 중에서 가장 기억에 남는 관람객은 쉰이 훌쩍 넘었을 것으로 예상되는 한 어머님이셨다. 딸과 사위 그리고 손자와 함께 전시를 보기 위해 오신 어머님은 자신의 이름을 불러주자 무척 즐거워하셨다. 사실 이런 경우에 내가 관람객을 부르는 호칭은 할머님이나 어머님이다. 그런데 특별하게 이름을 부를 수 있었던 것은 딸의 역할이 컸다.

"우리 친구는 이름이 뭐예요?"

나는 청소년인 손자에게 물었다. 그러자 아이의 목소리와 함께 웃음기 섞인 여성의 목소리가 살짝 들려왔다. 자신의 엄마의 이름을 슬쩍 불러본 것이었다. 나는 그 목소리를 놓치지 않고 정확한 이름을 확인했다. 그리고 전시를 진행하는 틈틈이 어머님의 이름을 불러드렸다.

누군가는 나에게 이렇게 말할지도 모른다. 딸 같은 아이가 관람객으로 오신 어른의 이름을 부르는 것은 너무 건방진 행동이 아니냐고 말이다. 하지만 내가 그분의 이름을 불러드렸던 이유가 있었다.

"어머님, 제가 우리 어머님 이름 불러드리는 거 괜찮으세요?"

예의와도 관련된 일이기에 나는 어머님의 의사를 한번 여쭈어보았다.

"좋지!"

흔쾌히 어머님은 그렇게 하라고 하셨다. 그 순간 내가 느낀 것은 결혼한 한국 여성들의 현실이었다. 요즘은 예전보다 많이 덜하지만 자신의 직업을 가지고 있는 여성이 아닌 육아와 남편에 대한 내조로 가정에 헌신하는 주부들의 경우 결혼을 하고 출산을 하면 자신의 이름이 불릴 일이 줄어들게 된다. 누구의 아내, 누구의 엄마로는 불리지만 자신의 이름 석 자로 불리는 일이 점점 사라지는 것이다.

웃음 띤 얼굴로 좋다는 한마디를 하시는 어머님의 모습을 보면서 나는 어쩐지 이 어머님도 그런 삶을 살아오신 분이라는 생각이 들었다. 그래서 나와 함께 하는 2시간도 안 되는 짧은 시간 속에서라도 누구의 아내, 누구의 엄마, 누구의 할머니가 아니라 어머님 자신으로 만들어 드리고 싶었다.

누군가의 이름을 기억하고 불러주는 것은 이렇게 중요한 의미를 가지고 있다. 이름이란 단순한 글자가 아니라 '나'라는 사람을 표현하는 대표적인 고유 명사이다. 물론 같은 이름도 많다. 내 이름도 흔하디흔한 이름이기 때문에 똑같은 이름을 가진 사람을 만나기도 한다. 그렇다 하더라도 나는 그 사람의 이름을 당당하게 불러준다. 글자는 같지만 그 글자가 입 밖으로 나오는 순간 그 사람의 존재와 가치를 의미하기 때문이다.

나는 사람들의 이름을 잘 기억하는 편이다. 그리고 오랫동안 기억해 주려고 내 나름대로 노력도 한다. 처음 이런 노력을 하기 시작한 것은 역시나 시력 때문이었다. 사람들의 얼굴을 잘 알아보지 못하기 때문에 이름이라도 기억해보려 했던 것이 이제는 습관이 되었다.

사람들과 친근한 대화를 하는 데 있어 이름을 불러주는 것만큼 좋은 방법은 없다. 그리고 잠시 동안의 만남 속에서 자신의 이름을 기억해준다는 사실 하나로 사람들은 나에게 호감을 가지고는 한다. 내가 사람들과 편안한 분위기로 많은 이야기를 나눌 수 있는 이유 중 하나가 바로 이것일 것이다.

지금 이 순간 내 곁에 있는 사람의 이름을 한번 불러보는 것은 어떨까. 그리고 나와 인연을 맺는 사람들의 이름을 기억하고 불러준다면 그들 역시 당신의 이름을 불러주고 당신의 존재를, 의미를 소중히 여기게 될 것이다.

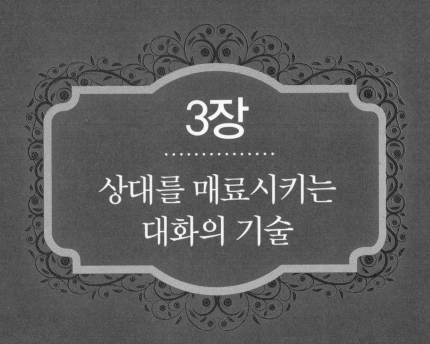

3장

상대를 매료시키는
대화의 기술

01 | 상대의 말에 적절한 맞장구를 쳐라

　우리가 사람들과 대화를 할 수 있는 것은 누군가가 우리의 말을 들어주고 있기 때문이다. 그리고 우리가 다른 사람의 이야기를 듣고 있다는 것은 말하는 사람이 있다는 것을 의미한다. 이렇게 대화는 말하기와 듣기가 서로 순환하고 있다.

　똑같은 말을 누구에게 하면 시간가는 줄 모르고 이야기를 하게 된다. 처음 하려던 말 이상으로 다른 이야기들까지 하며 주어진 시간이 너무 짧아 아쉽기까지 하다. 그런데 또 다른 누군가에게는 시간이 너무 길게만 느껴진다. 내가 할 말을 모두 다 한 것 같은데 시계 바늘은 얼마 지나 있지 않아 답답하기만 하다. 이렇게 우리는 누구와 이야기를 하느냐에 따라 신이 나서 이야기를 하기도 하고 말하는 것 자체가 곤혹스러울 때도 있다.

　그 이유는 상대의 반응 때문이다. 내 이야기에 고개를 끄덕여 주거나 간단한 대답을 해주면 우리는 앞에 있는 사람이 내 이야기를 잘 들어주고 있다는 생각이 들어 더 많은 말을 할 수 있다. 하지만 무표정한 얼굴로 아무런 반응 없으면 괜스레 무엇인가 잘못 말한 것은 없는지 생각하게 되고 의기소침해지기도 한다.

나는 사람들 앞에서 말하는 것을 좋아하지 않는다. 한두 사람과 깊은 이야기를 나누는 것은 좋아하지만 많은 사람들 앞에서 내 의견을 발표하거나 하는 것은 그다지 좋아하지 않는다. 아니, 싫어한다는 표현이 더 맞을 것 같다. 이런 내가 전시를 진행하는 일을 하고 있다는 것은 나 자신이 생각해도 신기한 일이다.

내가 이 책을 쓰기 위해 책 쓰기 수업을 들을 때의 일이다. 우리는 일주일에 한 권씩 책을 읽고 자신의 의견을 이야기하는 시간이 있었다. 말하는 일을 하는 사람이라지만 나는 그 시간이 정말 힘들었다. 앞에서 무슨 말을 해야 할지도 잘 모르겠고 두서없이 사람들이 알아들을 수 없는 말을 할까 봐 걱정도 되었다. 이런 내가 정말 신이 나서 미소까지 지어가며 이야기를 한 날이 있었다.

떨리는 마음으로 앞에 서서 몇 마디 했을 때 나는 천천히 사람들을 둘러보았다. 그리고 나를 빤히 바라보고 있는 한 사람과 눈이 마주쳤다. 솔직히 내 시력으로 그 사람과 눈이 정확하게 마주쳤는지는 알 수 없다. 다만 느낌이 그랬다. 내 이야기를 듣고 있다는 것이 느껴졌다. 그래서 잠시 그를 바라보며 말을 하고 있을 때 나의 말끝에 고개를 크게 끄덕여 주는 모습이 보였다. 내가 잘 보지 못하기 때문에 더 크게 끄덕여 준 것인지 원래 제스처가 큰 사람인지는 모르겠다. 하지만 그 모습 하나에 나는 용기를 내서 내 이야기를 할 수 있었고 그 다음 시간부터는 나도 모르는 사이 그 사람을 찾아 그와 시선을 마주치고 이야기하게 되었다. 그러면서 그 시간이 조금씩 익숙해져 갔다.

이렇게 사람들과 이야기를 할 때 그들의 말에 반응을 해주는 것은 매우 중요하다. 말하는 사람을 신이 나게 할 수도 있고 의욕을 잃게 만들 수도 있다. 그래서 우리는 다른 사람들의 이야기를 들을 때 소위 리액션이라고 불리는 맞장구를 잘 쳐주어야 한다.

맞장구에는 소극적인 맞장구와 적극적인 맞장구가 있다. 소극적인 맞장구는 눈을 마주친다거나 이야기의 분위기에 따라 표정에 변화가 있다거나 고개를 끄덕여주는 것처럼 작은 반응을 해주는 것이다. 듣는 사람에게는 잘 듣고 있다는 표현이고 작은 반응일 뿐이지만 말하는 사람은 그 반응 하나에 말할 힘이 난다. 내가 내 말에 고개를 끄덕여 주는 한 사람을 보고 신이 나서 이야기를 했던 것처럼 말이다.

적극적인 맞장구는 표정을 넘어 몸의 상체가 앞으로 기울어져 있거나 "응! 맞아. 그렇지."와 같이 직접 말 속에 들어가 추임새를 넣어주는 것이다. 나아가 "그래서? 그 다음은 뭐야?" 등과 같이 질문까지 해준다면 말하는 사람은 더욱 흥이 나서 자신이 하고 싶은 이야기들을 마음껏 꺼내놓을 수 있다.

나는 최근에야 내가 맞장구를 잘 치는 편이라는 것을 알았다. 기본적으로 나는 사람과 이야기를 할 때 눈을 맞추고 말을 해야 한다. 카페 같은 곳에서 수다를 떨 때는 팔을 테이블에 걸친 채 살짝 상체를 기울이고 대화를 하며 이야기를 듣는 사이사이에 고개를 끄덕이고 추임새를 잘 넣는다. 지금까지는 이런 것들이 내 몸에 배인 습관이었기 때문에 별다른 관심이 없었다. 내가 수업 시간의 책 후기 말하기 시간 때 사람들의 모습을 지켜보지 않았다면 그리고 그 속에서 용기를 얻지 않았다면 지금도 모르고 지나갔을지 모른다.

내가 사람들의 말에 반응을 하는 맞장구에 익숙해져 있는 이유는 아마도 우리 엄마의 몫이 크지 않았나 싶다.

내가 일곱 살이었던 어느 따뜻한 오후에 기분 좋은 마음으로 집에 들어섰다. 그런데 늘 집에 있어야 할 것 같던 엄마의 모습이 보이지 않았다. 그 당시 우리 집에는 옥상이 있었는데 나는 혹시나 하는 마음에 옥상으로 올라가 보았다. 역시나 엄마가 동네 아주머니들과 함께 그곳에서 담소를 나누고 계셨다.

"엄마! 나 받아쓰기 100점 맞았어요!"

엄마를 발견하자마자 내가 외친 첫 마디였던 것으로 기억난다. 그 말이 하고 싶어 입이 근질 근질거렸는지 엄마를 보자마자 나는 이렇게 외쳤다.

"진짜? 우리 막내 잘했어!"

짧은 한마디와 함께 활짝 웃는 엄마의 모습 그리고 볼에 뽀뽀를 해주셨을 때의 그 기분이 아련하게나마 지금까지 남아 있다. 아마도 내가 사람들에게 칭찬을 들으면 좋아서 어쩔 줄 모르는 이유가 여기에 있지 않을까 싶다.

그 이후에도 학교를 다니며 상을 받거나 하면 나는 좋아서 집으로 뛰어오고는 했다. 그러면 엄마는 어느 순간부터 이런 말을 하기 시작하셨다.

"또 종이때기 한 장이야? 수고했어. 오늘 뭐 먹고 싶어?"

종이때기 한 장이라고 하시면서 뭐 먹고 싶으냐고 물으시던 엄마의 모습은 지금 생각해 보면 애써 미소를 숨기고 계셨던 듯하다. 그러면 그날은 우리 집에서 흔하지 않는 외식하는 날이 되었다. 자장면 한 그릇 혹은 언니가 사온 양념치킨 한 마리가 나를 그렇게 행복하게 만들어줄 수 없었다. 그 당시 유행했던 텔레토비 인형을 갖게 된 것도 그 상장 덕분이었을 정도다.

그리고 내가 커서 무엇이 되고 싶은지에 대한 장래 희망을 가지게 만들어 주기도 했다. 대회인지도 모르고 선생님이 쓰라고 하니까 썼던 교내 글짓기 대회에서 상을 받아 학교 대표로 구 대회까지 나가게 되면서 글짓기 대회가 있으면 열심히 참가하게 되었다. 그리고 그때마다 상을 받고 싶다는 생각과 내 손에 쥐어지는 상장들이 나는 글을 잘 쓰니까 나중에 글을 쓰는 작가가 되고 싶다는 생각으로 이어지게 만들었다. 지금 생각해 보면 나는 글을 잘 쓰는 사람이 아니라 글을 잘 쓴다고 착각한 학생이었던 것 같다.

이렇게 상대의 말에 맞장구를 치는 것은 대화에서 꼭 필요한 필수적인 요소이다. 맞장구 하나로 말하는 사람은 날개를 단 듯 자신의 이야기를 쏟아낼 수도 있고 날개가 꺾인 듯 바닥으로 추락할 수도 있다. 상대의 이야기를 그냥 듣는 것보다 같은 생각을 할 때는 고개도 한 번 끄덕여 주고 "맞아."라는 간단한 한마디를 곁들여 줌으로써 말하는 이도 더 흥이 나고 듣는 우리도 그의 말을 집중을 할 수가 있다. 게다가 "그 다음은?"과 같은 질문까지 한다면 우리는 그의 말에 더욱 힘을 실어 주며 풍성한 대화를 할 수 있다.

맞장구는 적극적이면 적극적일수록 좋다. 우리 엄마가 나에게 그랬던 것처럼 단순히 말로만 끝나는 것이 아니라 자장면 한 그릇, 텔레토비 인형과 같이 적극적인 맞장구일수록 말하는 사람에게는 더 큰 힘이 생긴다.

그렇다고 맞장구가 좋은 것이니 시도 때도 없이 사람들의 말에 반응하라는 것은 아니다. 같은 생각에 고개 한 번 끄덕여 주고 잘한 일에 "그렇지! 잘했네."와 같이 대답 한 번 해주면 되는 것이다. 그러다 보면 어느새 우리는 그의 말을 통해 그 상황을 같이 바라보고 마음을 함께 느끼며 풍성한 대화를 나누고 있을 것이다.

| 대화에도 우선순위가 있다

성공한 사람들은 항상 시간에 대한 소중함을 이야기한다. 시간을 효율적으로 사용해야 한다는 말과 함께 그들은 어떤 일을 할 때는 중요한 것과 그렇지 않은 것을 구별하여 우선순위를 정하라고도 한다. 하지만 우선순위를 정하는 일이 말처럼 쉬운 것은 아니다. 막상 내가 해야 할 일들의 목록을 만들고 무엇을 먼저 할지에 대해 고민을 하다 보면 늘 갈등의 시간이 찾아오기 때문이다.

우리는 언제나 하고 싶은 것과 해야 할 것들 사이에서 어떤 것을 먼저 해야 할지 고민을 하게 된다. 하고 싶은 것을 하다 보면 해야 할 것을 기한 내에 할 수 없을 것 같고 해야 할 것을 하자고 마음을 먹으면 어쩐지 하기가 싫다. 그렇게 뭉그적거리다보면 시간만 하염없이 지나가 버리고는 한다.

나 역시도 늘 이런 식이었다. 학교에 다닐 때를 생각해 보면 시험 기간이 특히 더 그랬던 것 같다. 시험을 마치고 집에 일찍 도착하면 무엇인가 내가 보고 싶었던 텔레비전이나 컴퓨터를 하고 싶은 마음과 시험공부를 해야 한다는 생각 속에서 늘 갈등하고 있었다. 그러다 결국 아까운 시간을 낭비하고 벼락치기로 밤을 새워야 할 때가 한두 번이 아니었다.

그리고 이러한 나의 습관은 사람들과 이야기를 할 때도 나타나고는 했다. 무엇인가 용건이 있어서 말을 걸어놓고 다른 이야기를 하다가 정작 꼭 해야 할 말을 하지 못하고 돌아서는 것이다. 그러고는 헤어진 후에 중요한 말을 하지 않았다는 것을 기억해내고 난감해하고는 했다. 결론적으로 나는 해야 할 말이 있어 시간을 내어놓고 수다만 떨다 돌아온 셈이다.

누군가와 대화를 한다는 것은 우연히 지나치면서 하게 될 수도 있지만 많은 경우 꼭 해야 할 말이 있기 때문에 이야기를 하게 된다. 이럴 때는 대화에도 우선순위가 있다는 것을 우리는 기억해야 한다. 우리의 시간은 무한하지 않기 때문에 우리는 우리에게 주어진 시간 속에서 하고자 했던 이야기를 중심으로 말을 해야만 한다.

지금 다니고 있는 전시 회사에서 일을 시작한 지 몇 개월 지나지 않아 후배를 맞이하게 되었다. 동료들은 몇 개월 만에 후배를 본다면서 좋겠다고 했지만 그건 결코 좋은 일이 아니었다. 나도 내 전시에 자신이 없어 많이 배워야 하는 상황에서 신입 딱지를 떼고 선배가 된다는 것이 부담스럽기만 했다.

그러다 보니 후배들의 잘못된 점이 눈에 보여도 지적을 하지 않게 되었다. 어쩐지 내가 이야기를 하는 것 자체가 주제넘어 보였기 때문이다. 내가 잘하는 사람이면 모를까 나도 자리를 잡아가는 과정 속에 있으면서 누군가에게 조언을 하고 지적을 한다는 것이 우습게도 느껴졌다.

그러던 어느 날 갑자기 내 마음에 변화가 찾아왔다. 대기실에 외로이 혼자 앉아 있는 후배의 얼굴에 지친 기색이 역력했던 것이다. 그동안 해주고 싶은 말들도 많았고 사사로운 수다도 떨며 친목을 다지고 싶었지만 그럴 수가 없었던 터라 나는 조용히 후배의 앞에 앉아 어떤 말을 먼저 해야 할지를 고민했다. 그리고 어떻게 이야기를 해야 기분 나쁘지 않으면서 자극을 줄 수 있을지도 생각해 보았다.

"힘들죠? 교육만 계속 받으니까."

"네."

"빨리 전시 진행해야죠. 동기는 벌써 진행하고 있는데."

함께 입사한 동기는 전시를 진행하고 있는 상황에서 혼자서 교육만 받는 것은 육체적으로 지치는 것보다 정신적으로 더 많이 지친다는 것을 나는 알고 있었다. 나의 동기 중에서도 오랜 시간 교육을 받았던 친구가 있었기 때문이다. 내가 먼저 전시를 진행할 때 그녀 역시도 내색을 하지는 않았지만 많이 힘들어했고 그런 것들이 나에게도 느껴졌기 때문에 한편으로는 미안한 마음까지 생겼었다. 더욱이 그녀의 경우는 실력이 모자라서라기보다 여러 가지 상황이 안 좋은 방향으로 겹쳤던지라 더욱 그랬다.

"어떤 부분이 제일 어려워요?"

시무룩해진 후배에게 나는 물었다. 그 순간에는 내가 해주고 싶은 말보다는 그녀가 겪고 있는 어려움에 대해 함께 이야기를 나누는 것이 더 좋을 것 같았다.

"설명을 잘 못 하겠어요."

전시를 진행하고 있는 나도 늘 어려워하는 부분이었다. 사람들이 알아듣기 쉽도록 말을 한다는 것은 정말 어려운 일이다. 기본적으로 짜임새 있게 멘트가 정리되어 있어야 했고 상황에 맞게 변형할 수도 있어야 했다.

"그러면 많이 들어야겠네요. 같은 상황에서 다른 사람들은 어떻게 얘기를 하는지 많이 듣고 그것들을 후배님 멘트에 넣어서 자기화시키면 되지 않겠어요? 처음은 다 모방으로 시작해요. 나도 그랬어요."

나는 조금은 가벼운 분위기로 이야기를 했다. 후배 역시도 이론적으로 알고 있었을 것이기 때문이다. 그리고 나는 몇 마디 덧붙였다. 그녀가 어떤 선배의 전시를 보고 배우면 좋을지를 함께 이야기해준 것이다.

"답은 다 전시장 안에 있어요. 힘내요! 장점이 많아서 나보다 훨씬 잘할 거예요. 기대할게요."

자신이 뒤처지고 있다는 생각에 주눅이 들어 있는 후배에게 응원의 한마디를 남긴 채 나는 대기실을 빠져 나왔다. 그리고 그날 저녁 나는 전시장에서 그녀를 만날 수 있었다. 내가 진행하는 모습을 지켜보며 자신의 것으로 만들기 위해 노력하는 것을 보자 짧은 몇 분의 대화가 그녀에게 힘을 주었다는 생각이 들었다.

만약 후배와 대화를 하면서 내가 하고 싶은 이야기만 했다면 어땠을까. 아마도 그것은 틈나면 할 수 있는 수다에 불과하지 않았을 것이다. 그러나 그녀에게 꼭 해줘야 할 말이 무엇인지 먼저 생각을 하고 그 얘기만 하자 짧은 시간이었지만 효과적인 결과를 가져올 수 있었다.

우리에게 주어진 시간은 그리 많지 않다. 그리고 우리는 그 시간 안에서 우리가 해야 할 말들을 상대에게 전달할 수 있어야 한다. 그러다 보니 자연스럽게 우선순위를 정해야 하는 것이다. 한정된 시간 안에서 하고 싶은 이야기를 먼저 하다 보면 꼭 해야 할 말은 정작 하지 못하는 경우가 생기게 된다.

이제는 하고 싶은 말을 생각나는 대로 하기보다 어떤 말을 먼저 해야 할지 우선순위를 정하는 것은 어떨까. 그러면 우리에게 주어진 시간을 보다 더 효율적으로 사용할 수 있을 뿐 아니라 우리의 대화도 보다 더 알차질 것이다. 그리고 짧은 3분, 5분의 시간이 몇 배의 가치가 되어 우리에게 돌아올 것이다.

문득 내가 핸드폰을 언제 가지게 되었는지 떠올려 보았다. 고등학교 입학을 하고 학교 수업이 길어지면서 언니들의 도움으로 처음 나만의 전화기를 가지게 되었다. LG에서 나왔던 빨강색 거울 달린 핸드폰은 정말 앙증맞은 크기로 한 손에 쏙 들어오는 기종이었다. 그때가 벌써 11년 전이다.

16화음에서 64화음으로 변하고 카메라의 성능도 점점 좋아졌다. 그리고 스마트폰이 나오면서 이제는 핸드폰으로 할 수 없는 일이 드물 정도가 되었다. 2G 시대에서 3G 시대로 변하면서 엄청나게 속도가 빨라졌는데 다시 또 우리는 4G를 맞이했다. 그리고 LTE까지. 정말 인터넷 강국답게 모든 것이 빠르게 변화하고 발전하고 있다.

그런데 이 빠름이 좋은 것만은 아니라는 생각이 든다. 당장 나부터도 성격이 점점 급해지는 것을 느끼기 때문이다. 핸드폰의 검색창이 조금만 늦게 움직이면 답답함을 느낀다. 와이파이가 느리다는 이유로 늘 데이터를 사용하며 조금도 기다리고 싶지가 않다. 요즘은 데이터 무제한 요금제까지 나오면서 더 이상 와이파이가 되는 지역을 찾을 필요도 없어졌다.

이런 속도에 대한 변화는 우리의 대화에도 변화를 가져오고 있다. 예전에는 천천히 하고 싶은 말을 곱씹으며 말을 해도 사람들은 충분히 기다려줄 수 있었다. 하지만 요즘은 그렇지 않다. 조금만 말이 길어지면 지루함을 느끼고 금세 다른 생각이 머릿속을 파고들고는 한다. 그래서 말을 짧게 하면서 그 안에 핵심을 콕 찍어 전달할 수 있는 능력이 점점 더 중요해지고 있다.

"언니 있잖아. 내가 오늘 친구를 만났는데 떡볶이를 먹을까, 스파게티를 먹을까 고민이 되는 거야. 그래서 둘이 한 1시간쯤을 걸었나 봐. 결정을 못 하고 계속 돌아다니기만 하다가 지쳐버린 거 있지. 거기다가 다리는 또 어찌나 아프던지. 그런데 돌아다니다 보니까 초밥집이 보이는 거야……."

"동생아, 그래서? 나한테 지금 하고 싶은 말이 뭐야?"

내가 신이 나서 열심히 말을 하다 보면 언니는 이런 질문을 하고는 했다. 그러면 나는 말이 끊기면서 내가 하고 싶은 말이 무엇인지 떠올리게 된다.

"그래서 초밥을 먹었는데 맛있더라고. 다음에 가자고."

"그러니까 넌 지금 초밥 먹으러 가자는 말을 5분 동안 한 거네?"

"그런 거지."

"네 말 기다리다가 숨넘어가겠다."

1분이면 되었을 말을 5분 동안 혼자서 떠들다가 30초 만에 정리하고 방을 나가는 언니의 뒷모습을 보며 나는 입을 삐죽이 내밀었다. 도대체 나에게 왜 그러는지 알 수 없었던 것이다.

나의 말하는 스타일이 듣는 사람을 지루하게 만든다는 것을 안 것은 직장을 다니면서부터였다. 사무직에서 일을 하면서도 유난히 내가 있는 자리는 전화가 많이 걸려왔다. 그래서 다양한 사람들과 통화를 하다 보면 결론은 아주 간단한데 서론이 긴 사람들이 많았다. 그러면 사람들의 말을 끊을 수도 없고 들어주고 있자니 답답해서 어떻게 해야 할지 난감할 때가 있었다. 그런 답답함에 지쳐가면서 나도 말하는 방법이 조금씩 변해갔던 것 같다.

우리는 빠른 속도 속에서 살아간다. 그리고 그만큼 성격도 급해지고 있다. 사람들은 길게 늘어진 글을 보면 그 길이에 이미 지쳐 버리고는 한다. 같은 내용이라면 짧게 핵심만 적혀 있는 글을 선호하게 되었다.

대화도 마찬가지이다. 듣고 또 들은 후에야 결론이 나오는 것보다는 결론을 먼저 듣고 필요한 경우에만 부가적인 설명을 듣기를 원한다. 자신의 아까운 시간을 긴 서두를 듣는 것에 할애하고 싶지는 않은 것이다.

내가 어느 공기업에 면접을 보러 갔을 때의 일이다.

6명씩 함께 들어가서 면접을 진행하는 방식이었다. 나는 잔뜩 긴장을 하고서 자리에 앉았다.

"한 사람씩 간단하게 자기소개를 해주세요."

면접관의 목소리가 들리고 맨 끝자리에 앉아 있는 사람부터 자기소개를 하기 시작했다. 나는 네 번째에 앉아 있었기 때문에 내 차례가 다가오면 다가올수록 점점 초조해지고 있었다. 그리고 마침내 내 옆에 앉은 사람이 말을 시작했다.

"저는 ○○○ 회사에서 남자들이 거의 없는 상담원으로 근무하면서 남자와 여자의 성별을 넘어 고객들에게 친절한 상담원이 되기 위해 노력하였으며 동료들과도 잘 어울리면서 다양한 경험을 많이 했고 1년이라는 짧지 않은 시간 동안 근무를 하면서 친절하다는 말을 수도 없이 들을 정도로 최선을 다해 제 업무에……."

"네. 잘 들었습니다. 다음 분 시작해 주세요."

내 옆에 앉아 있던 응시자의 말을 끊는 면접관의 목소리는 정말 차가웠다. 그 목소리를 들은 후에 바로 자기소개를 시작해야 했던 나는 그날 무슨 말을 했는지 기억이 나지 않는다.

내가 그 응시자에게 놀랐던 것은 단조로운 목소리로 더듬거리지도 않고 길고 유창하게 말하는 모습이었다. 대단해보이기도 하면서 한편으로는 저런 말을 꼭 할 필요가 있을까라는 생각을 하고 있을 때쯤 면접관은 그의 말을 끊어버렸다.

누군가와 대화를 할 때 사람들은 내용은 길면서 무슨 얘기를 하고 있는지 도무지 알 수 없는 이야기를 들어주고 싶지 않아 한다. 이런 대화는 무언가 많이 들은 것 같지만 그 내용이 하나도 기억이 나지 않는다. 내용은 많았지만 내용이 없었던 대화라고 할 수 있다. 게다가 더 답답한 것은 재미도 없고 말이 계속해서 이어지기 때문에 그 구조도 복잡하다. 듣다 보면 저절로 다른 생각을 하게 된다.

우리가 핵심을 콕 찍어 말을 해야 하는 이유가 여기에 있다. 요점만 단순하게 전달하면 사람들은 듣는 시간도, 내용도 짧았지만 더 오랜 시간 기억을 한다. 짧은 순간에 집중을 해서 들었기 때문이다. 지루할 틈이 없었기에 다른 생각을 할 수도 없다.

나는 말을 하는 것과 글을 쓰는 것이 크게 다르지 않다고 생각한다. 마치 동전의 앞면과 뒷면 같지 않을까? 요즘은 페이스북과 같은 SNS를 통해 모르는 사람과도 대화를 하고 친구가 되기도 한다. 자신의 솔직한 마음을 담은 짧은 몇 줄의 글을 올리는 것만으로 서로 대화가 되는 것이다.

이제는 유창하면서 긴 대화는 사람들에게 외면당할 수밖에 없다. 불필요한 접속사를 빼고 내가 하고 싶은 이야기가 무엇인지 한 문장 정도로 간단하게 이야기할 수 있어야 한다. 사람들은 길고 복잡한 것보다는 짧고 단순하면서 그 안에 핵심이 있는 대화를 좋아한다.

인터넷 창을 열었을 때 포털 사이트에 메인에 떠 있는 기사를 훑어보면 유독 눌러보고 싶은 제목들이 있다. 그것은 짧은 몇 글자 안에 우리의 궁금증을 유발하는 핵심적인 단어들이 들어 있기 때문이다. 게다가 한 번 슥 읽었을 뿐인데 어떤 내용인지 알아들을 수 있도록 문장의 형태 또한 단순하다.

우리의 대화도 인터넷 뉴스의 제목처럼 해보면 어떨까. 우리가 하고 싶은 말을 단조로운 몇 개의 단어로 연결하여 간단하게 말을 해보는 것이다. 우리가 하려던 말에 대한 설명은 요점을 먼저 전달한 다음에 해도 늦지 않다. 처음에는 어색할 수도 있다. 하지만 조금씩 내 말의 길이를 줄여나간다면 사람들은 더 쉽게 핵심을 찾고 우리의 말에 집중할 수 있지 않을까.

04 | 사람들은 쉽게 말하는 사람을 좋아한다

나는 소설을 좋아한다. 소설 중에서도 로맨스 소설을 가장 좋아한다. 인터넷 소설이 한창 유행했을 때는 밤을 새워 컴퓨터 모니터를 뚫어버릴 듯 열성으로 읽기도 했었다. 우리 집에서 로맨스 소설을 좋아하는 건 나뿐만이 아니다. 네 자매는 물론 엄마까지 집안의 다섯 여자가 모두 소설을 좋아한다. 그래서 우리 집 책장에는 오래된 외국 로맨스 소설도 꽤 많이 꽂혀 있다. 물론 내 책은 아니다. 할리퀸 소설이라 불리는 나보다 훨씬 윗세대 여고생들이 많이 읽었던 소설로 언니가 중고로 구매한 책들이다.

지금도 기억이 나는 소설 중 하나가 두 권짜리 외국 소설이었다. 내가 그 책을 기억하는 이유는 아주 단순하다. 너무 지루했기 때문이다. 1권의 절반가량이 이야기는 얼마 전개되지 않고 온통 장면 묘사와 상황 묘사로 채워져 있었다. 아름다운 설경에 대해 두 페이지 정도가 묘사만 되어 있을 정도였다.

아름다운 풍경을 직접 눈으로 보는 것같이 실감나기는 했지만 정말 졸음이 올 정도로 재미가 없었다. 2권은 진짜로 재미있다는 언니의 말이 아니었다면 읽다가 포기했을지도 모른다. 게다가 문장의 구조 또한 단순하지는 않았다. 여러 가지 단어들이 서로 꾸미고 꾸며지는 것을 반복하면서 읽는 내내 하품했던 기억밖에 나지 않는다. 내가 이 책을 기억하는 건 그 정도로 지루했던 책이 없었기 때문이 아닌가 싶다.

사람들과 말을 하다 보면 내가 읽었던 소설과 비슷한 사람들을 곧잘 만나고는 한다. 말을 장황하게 하면서 여러 가지 수사와 명언을 인용하는 것이다. 처음에는 그 말에 귀를 기울이지만 어느새 내 마음은 다른 생각을 하면서 지루한 이 얘기가 빨리 끝나기를 기다리게 된다.

앞에서도 이야기했듯이 사람들과 대화를 할 때는 하고자 하는 말의 핵심을 콕 찍어 단순하게 말하는 것이 좋다. 그것은 곧 듣는 사람이 쉽게 받아들일 수 있도록 말을 해야 한다는 의미도 담고 있다. 핵심을 효과적으로 전달하기 위해 적절한 명언이나 묘사를 사용하는 것은 좋지만 지나친 남용은 듣는 사람에게 어렵게 다가올 뿐 아니라 듣다가 지치고 만다.

예를 들어 누군가 당신에게 와서 묻는다.

"오늘 네 식탁에는 탄수화물과 지방과 단백질이 풍성하면서 비타민과 미네랄이 고함량 들어 있는 쌀과 육류와 채소를 가지고 굽고, 삶고 튀겨내는 방법을 사용해 너의 가족들이 몇 칼로리 정도씩 먹을 수 있도록 할 생각이니?"

당신은 무엇이라 대답할 것인가? 분명 저 말들 속에는 우리가 이해하지 못할 정도로 어려운 말은 없다. 그런데 저런 질문을 받는다면 우리는 곧장 대답을 하기보다는 앞에 있는 사람이 무슨 말을 하고 있는지 먼저 생각하게 된다. 문장이 계속 나열되면서 복잡해지고 영양소의 종류와 음식 재료의 분류 그리고 조리 방법이 한 문장 속에 있으면서 어려운 느낌을 주기 때문이다.

얼마 전 인터넷을 하다가 우연히 저런 형태의 문장을 본 적이 있었다. 나는 순간 헛웃음이 나왔다. 도대체 무슨 의도로 저런 형식으로 말을 했는지 알 수가 없었던 것이다. 결국은 두세 번 정도 더 읽어보고 나서야 그 말의 의미를 알 수 있었다.

저 말을 사람들이 듣기 편하도록 한 문장으로 이야기하면 이렇다.

"오늘 식사 때 무슨 반찬 할 거야?"

이렇게 간단한 문장을 사람들이 알아듣기 힘들게 이야기할 필요가 있을까? 그런데 우리 주변을 둘러보면 단순한 말도 복잡하게 하는 사람들이 꼭 있다. 그래서 한 번쯤 그 사람의 말을 다시 생각해봐야 하는 경우가 적지 않다.

이런 사람들의 특징을 살펴보면 크게 세 가지로 나눌 수 있다.

첫째는 자신이 가지고 있는 지식을 자랑하고 싶은 사람이다. 스스로가 얼마나 똑똑한지 사람들에게 보여주고 싶은 것이다. 그러다 보니 쓰지 않아도 되는 어려운 단어를 사용하고 말을 복잡하게 만들어 사람들이 이해하기 어렵게 한다. 그리고는 자신이 말한 것을 사람들이 이해하지 못한다며 답답해한다.

두 번째는 콤플렉스가 있는 경우가 있다. 예를 들어 한국말로 해도 되는 말을 군이 영어 단어를 사용해서 하는 경우이다. 쉽게 물을 달라고 해도 될 것을 워터 달라고 하는 식으로 말하는 사람들이 이에 속한다.

마지막으로 세 번째는 자신이 하는 말을 스스로도 잘 모르는 경우가 있다. 가장 좋지 않은 경우라고 할 수 있다. 전문 서적이나 논문과 같이 자신의 학식을 사람들에게 공유하는 과정에서 결론을 두루뭉술하고 어렵게 써서 자신도 헷갈리고 있다는 것을 감추는 것이다. 하지만 독자들은 읽으면서 그 사실을 모두 알아차리고 만다.

사람들이 어려운 단어를 쓰고 복잡하게 말하는 것은 나름대로 이유가 있다. 하지만 누군가와 대화를 한다는 것은 서로 말을 주고받는 것이다. 그런 과정에서 누군가는 말을 하고 또 다른 누군가는 그 말을 알아듣지 못한다면 그건 대화라고 할 수가 없다.

사람들은 짧으면서도 내용이 단순하여 쉽게 받아들일 수 있는 말을 좋아한다. 누구나 어렵고 복잡한 말은 듣고 싶지 않다. 이왕이면 내가 알아들을 수 있도록 쉬운 표현을 사용하여 이야기를 하는 사람에게 더 매력을 느낄 수밖에 없는 것이다. 마치 같은 한국말을 사용하면서 다른 나라의 말을 듣는 것 같은 기분이 드는 것보다는 귀를 스치는 순간 곧장 무슨 의미인지 알아듣고 함께 그 내용을 공유하며 공감할 수 있는 사람에게 끌리는 것은 너무도 당연하다.

총선이나 대선 시기를 생각해 보면 사람들은 후보자들의 유세에는 큰 관심이 없다. 하지만 출, 퇴근길에 들리는 선거 노래는 기억하고 있다. 어떤 가수의 어떤 노래를 사용했는지부터 가사를 어떻게 바꾸었는지까지 자연스럽게 알게 된다. 그 이유는 노래는 친근하게 다가오면서 복잡할 것 없이 쉽게 들을 수 있기 때문이다. 심지어 따라 부르는 사람들도 가끔 보인다.

하지만 선거 유세는 그렇지 않다. 결론적으로 자신이 당선되면 어떻게 하겠다는 국민과의 약속이기 때문에 선거 노래보다 훨씬 중요한 내용을 담고 있다. 그런데도 사람들은 후보자의 유세에는 큰 관심을 보이지 않는다. 그것은 잘 들리지 않기 때문이다. 전문가들이 쓴 복잡한 말들로 구성되어 있기 때문에 쉽게 다가올 수 없다.

사람들은 누구나 쉽게 받아들일 수 있는 것을 좋아한다. 누군가와 이야기를 한다는 것은 내가 가진 지식을 자랑하고 보여주기 위한 시간이 아니다. 입으로 말을 하여 마음을 함께 공유하는 시간이라고 할 수도 있다. 그런 시간을 알아듣지 못하는 말들로 낭비하고 싶은 사람은 없을 것이다.

이제는 복잡한 것도 단순하게 말하는 연습을 한번 해보면 어떨까 한다. 내용이 많다면 몇 문장으로 끊어서 말을 하면 된다. 그러면 사람들은 더 잘 이해할 수 있다. 그리고 어려운 전문용어보다는 사람들이 쉽게 접할 수 있는 단어들로 자신의 생각을 전달하면 된다.

중요한 것은 핵심적인 내용을 간단한 방법으로 상대가 알아들을 수 있게 전달하는 것이다. 그리고 그 말을 사람들이 쉽게 받아들일 수 있으면 그만이다. 사람들은 쉽게 다가오는 이야기에 집중하게 되면서 점점 당신의 매력에 빠져들게 될 것이다.

사람들과 이야기를 하다 보면 같은 내용을 듣고도 이해하는 속도가 조금 느린 사람이 있다. 한 번에 알아듣지 못하고 두 번 내지 세 번 정도를 설명해 줘야 말을 알아듣는 것이다. 나는 성미가 급한 편이어서 누군가에게 세 번 이상 설명하는 것을 그다지 좋아하지 않는다. 내 말을 이해하지 못하는 당사자도 답답하겠지만 여러 차례 같은 설명을 해야 하는 나 역시도 답답한 것은 마찬가지인 것이다.

내가 파견 업체에서 서류 심사 일을 하던 때의 일이다. 나보다 일주일 정도 늦게 입사를 한 언니와 퇴근해서 가는 길이었다. 언니는 나와는 다르게 회사에서 나누어준 업무 매뉴얼을 손에 들고 있었다.

"언니, 집에서도 보시려고요?"

"응. 나는 이해하는 속도가 좀 느린 편이어서 집에서 좀 보고 오려고."

대단하다는 생각이 절로 들었다. 나는 꼭 해야 할 상황이 아니라면 집으로 일거리를 가지고 가는 것을 좋아하지 않는다. 야근을 하더라도 회사 일은 회사에서 마무리 지어야 한다는 것이 내 철칙 중의 하나였다. 그런데 집까지 가지고 가서 새로운 업무를 익혀 오겠다는 모습이 한편으로는 그렇게까지 해야 하나 싶으면서도 다른 한편으로는 나와는 다르게 정말 열심히 하는구나 싶었다.

"그런데 너 이거 이해가 가니? 아까 그 계약자가 같은 경우 있었잖아. 주는 사람이랑 받는 사람이랑."

나는 잠시 언니가 무엇을 물어보는지 생각해 보았다. 그리고 언니의 손에 들려 있는 종이를 보자 어떤 걸 말하는지 알 것 같았다. 나는 내가 이해한 것을 어떻게 설명을 해줘야 하나 생각하다 입을 열었다.

"언니가 나한테 물건을 팔 거야. 그리고 내가 언니한테 물건을 사는 거지."

계약서를 보고 설명을 해주는 것보다는 계약서의 내용을 가지고 이야기를 만들어 말해주면 더 빨리 이해를 할 것 같았다. 그래서 언니 자신과 나를 계약자로 가정하여 열심히 설명을 해주었다.

"아! 그런 거구나. 아까 과장님이 설명을 해주는데 하나도 모르겠더라고. 이렇게 들으니까 쉽네."

언니는 고개를 끄덕이며 자신이 가지고 있던 종이에 메모까지 했다. 그러고는 그 날 이후로 퇴근 시간이 되면 헷갈리는 것들을 나에게 물어보고는 했었다. 나는 언니가 자신의 부족함을 채우기 위해 열심히 하는 모습이 보기 좋았고 나도 배워야 하는 부분이라 생각해서 아는 것들은 설명해 주고 모르는 것은 같이 공부하며 업무를 더 빠르게 익힐 수 있었다.

이렇게 우리는 어떤 것에 대한 설명을 들을 때 이론적인 말들로 듣는 것보다 이야기를 넣어 들으면 이해를 더 쉽게 할 수 있다. 우리의 어린 시절을 생각해 보면 사람은 착하게 살아야 복이 온다는 설명을 들은 기억은 거의 없지만 콩쥐팥쥐나 흥부와 놀부 이야기는 기억한다. 그리고 그 속에서 착한 사람은 복을 받고 악한 사람은 벌을 받는다는 것을 자연스럽게 배우게 되었다.

이런 경험들을 통해서 알 수 있듯이 우리가 하고자 하는 말을 할 때 스토리를 담아서 이야기하면 상대는 더 쉽게 내가 전하려는 말을 이해할 수 있다. 또 이론적인 설명보다 내가 했던 이야기를 더 선명하게 기억하기 때문에 잘 잊어버리지도 않는다. 그러다 보니 요즘은 스토리텔링이라는 말을 참 흔하게 듣게 된다.

나도 처음 스토리텔링이라는 말을 들었을 때는 도대체 그것이 무엇이고 어떻게 해야 하는 것인지 알 수가 없었다. 그렇게 어렵게 느껴질 수가 없었다. 그런데 점점 익숙해지다 보니 내 말 속에 스토리를 담는다는 것이 그렇게 어려운 일만은 아니라는 생각이 들었다.

몇 년 전 친구 J는 중요한 시험을 앞두고 있었다. 마치 수능 시험을 다시 보듯이 정말 열심히 하나의 목표를 향해 공부했다. 붙으면 좋은 일이지만 혹시라도 떨어진다 해도 후회하지 않는 시험을 보고 싶다며 J는 오로지 시험에만 몰두했다.

나는 J를 위해 합격을 기원하는 응원 선물을 해주고 싶었다. 흔하디흔한 찹쌀떡이나 초콜릿 같은 것이 아니라 정말 내 마음을 전할 수 있는 것을 마련하고 싶었다. 그래서 고민을 하다가 핸드메이드 액세서리를 판매하는 가게를 찾았다.

어디서나 흔하게 볼 수 있는 것보다 그 물건을 보는 순간 나를 생각하고 내 마음을 기억할 수 있는 물건을 찾던 중 나는 귀걸이 하나를 발견했다. 별 모양 크리스털이 달린 심플한 디자인의 귀걸이었는데 나는 그것에 변화를 주고 싶었다. 그래서 양쪽의 크리스털이 별과 달 모양으로 서로 다르게 만들어 달라고 요청을 했다. 나는 J에게 귀걸이를 건네면서 합격을 기원한다는 말보다는 내가 왜 별과 달 모양의 귀걸이를 선택했는지에 대해서 이야기를 해주었다.

"하늘의 별과 달 다 따와. 불가능한 일 아니라는 거 알지?"

J는 지금도 그때의 기억과 함께 귀걸이를 잘 간직하고 있다고 한다.

만약 내가 귀걸이를 주면서 합격을 응원한다는 말을 했다면 어땠을까? 아마도 J는 그날의 일을 그렇게 생생하게 기억하지는 못할 것이다. 어쩌면 내가 했던 말과 함께 왜 귀걸이를 선물했는지에 대해서는 잊어버린 채 선물한 사람이 나라는 사실만 기억하고 있을지도 모른다. 그런데 나는 하늘의 별과 달을 따오라는 간단한 한마디를 함으로써 내 마음을 확실하게 전달하였다. 그리고 그 덕으로 J의 기억 속에도 훨씬 더 오랜 시간 간직될 수 있었다.

우리는 스토리가 담긴 이야기를 들으면 오랜 시간 그것을 기억할 수 있다. 우리의 기억 속에 마지막까지 남는 것은 설명이 아닌 그 설명 안에 들어 있던 이야기이기 때문이다. 그렇다 보니 자신의 말 속에 스토리를 담는 것이 중요해지고 어떻게 이야기를 풀어야 할지 고민하는 사람들이 많다. 그리고 그것에 대해 어려워하는 사람들 또한 많다.

자신이 하고자 하는 말 속에 스토리를 넣어 이야기한다는 것이 쉬운 일은 아니다. 하지만 그렇다고 어려운 일 또한 아니다. 내가 J에게 했던 것처럼 하늘의 별을 따고 달을 따는 것같이 불가능한 일도 너는 할 수 있다는 메시지를 간단하게 말하는 것도 하나의 스토리라고 할 수 있다. 그리고 하고 싶은 말과 관련해서 있었던 솔직한 경험담을 짧게 넣는 것도 좋은 방법이다.

최선을 다하겠다는 말은 누구나 할 수 있다. 하지만 어떤 일에 최선을 다해 몰입했던 이야기는 자신만의 스토리이다. 사람들은 누구나 할 수 있는 흔한 말에는 흥미를 갖지 않는다. 다른 사람들도 했을 법한 경험이라 할지라도 그것을 자신만의 이야기로 말하는 사람에게 호감을 느낀다. 그리고 그 이야기와 함께 말한 이를 오랜 시간 기억하게 된다.

누구나 할 수 있는 사소한 이야기라도 그것을 말하는 사람과 그렇지 않은 사람과는 분명 차이가 있다. 이제는 상대와 말만 주고받는 것이 아니라 그 말 속에 들어 있는 스토리를 주고받는 것은 어떨까. 사람들은 당신에게 호감을 느끼는 것뿐만 아니라 당신의 이야기에 재미를 느끼며 귀를 기울일 것이다. 그리고 그 이야기와 함께 당신이라는 사람 또한 오랜 시간 기억하게 될 것이다.

내 말 속에 스토리를 담는 것을 어렵게만 생각할 일은 아니다. 최선을 다하겠다는 말과 함께 무언가를 열심히 했던 이야기를 짧은 두세 문장으로 말하는 것부터 연습해 본다면 어느 순간 당신은 사람들의 마음을 사로잡는 매력을 가지게 될 것이다.

몇 년 전부터 어린이날과 크리스마스가 되면 고민이 생기기 시작했다. 이번에는 조카에게 어떤 선물을 해줘야 할 것인지에 대한 생각이 해가 바뀔수록 많아진다. 갓 태어났을 때는 아기가 원하는 것보다는 엄마가 원하는 것을 사주면 되었고 조금씩 성장하면서부터는 갖고 싶어 하는 장난감을 사주면 되었다. 그런데 어린이집을 다니기 시작하면서부터는 장난감을 사줘야 할지 아니면 학습적인 것을 사줘야 할지 꽤 오랜 시간 고민을 한다.

40개월을 갓 지났을 때 나는 조카에게 목욕시키는 인형을 사주었다. 아이가 목욕할 때 함께 가지고 들어가 목욕도 시키고 머리도 감겨주는 인형이었다. 그것을 가지고 물속에 들어가면 조카는 자신의 엄마가 그랬던 것처럼 정성스럽게 머리를 감겨주고는 했다. 게다가 더 재미있는 것은 인형과 대화를 나누는 모습이었다.

"시원하지? 물이 뜨겁나? 내가 개운하게 씻겨줄게."

그런 모습을 보고 있으면 웃음이 절로 나온다. 그리고 그 대화에 슬쩍 끼어들어 인형 역할을 해주면 아이는 까르르 웃어가며 더 열심히 인형 몸을 닦아 준다.

아이들이 처음 태어났을 때는 오감을 자극하여 감각을 느낄 수 있도록 도와줘야 한다는 말을 많이 듣는다. 나도 조카의 시력이 발달하기 시작했을 때 모빌의 태엽을 꽤나 많이 감아줘야 했었다. 계속해서 들려오는 음악 소리가 귀에 거슬려 이제 그만 해주고 싶다는 생각을 하면서도 아이가 흔들리는 모형을 빤히 바라보는 것을 보면 마지못해 태엽을 감고 감고 또 감아야 했었다.

말을 배우기 시작하면서부터는 느낌을 나타나는 단어들을 자주 사용하려고 노력했다. 귤 하나를 쥐어 주면서도 차가운지 시원한지를 이야기하고 이불을 덮어줄 때도 따뜻해졌다는 말을 일부러 하면서 아이가 느낌을 알아갈 수 있도록 신경을 많이 써야 했다.

그런데 정작 아이가 자신이 느낀 감정이나 감각을 말로 표현할 수 있게 된 지금은 어떨까? 그때에 비해 조카의 표현은 더욱 풍성해진 반면 내가 사용하는 단어들은 점점 평면적으로 변해가고 있다. 일상에서 조카가 아닌 다른 사람들과 이야기할 때 사용하는 표현들을 그대로 쓰게 되는 것이다. 그러다 보면 어떨 때는 조카보다 나의 어휘력이 더 모자란 것 같다는 생각마저 들고는 한다.

많은 사람들과 식사를 하다 보면 유독 음식을 맛있게 먹는 사람이 있다. 보고 있으면 아무렇지 않았던 배가 고파지면서 같이 밥을 먹고 싫어지거나 보는 것만으로 배가 부른 것 같은 느낌을 가지게 만든다. 게다가 꼭 마주앉아 있지 않아도 어디선가 들리는 밥을 먹는 소리에 나도 모르게 식욕이 돋을 때도 있다.

나는 식탁과 떨어져 앉아 있어도 총각무 베어 무는 소리가 들리면 나도 모르게 귀를 쫑긋 세우게 된다. 불그스름하게 잘 익은 총각무를 아삭하고 베어 물면 그 소리만으로 입 안에 침이 고이고 만다. 이렇게 우리는 꼭 입으로 무언가를 먹지 않아도 그 소리와 냄새같이 다른 감각을 통해서 음식을 느낄 수 있다.

우리가 매일같이 하고 있는 대화도 이와 비슷하지 않을까 한다. 말을 배우기 시작하는 유아에게 감각적인 활동과 언어 표현을 하는 것은 다양한 단어를 익힐 수 있을 뿐 아니라 뇌를 활발하게 만들어 인지적 발달에 도움을 준다. 그래서 어린아이들과 대화를 할 때는 감각적인 표현을 많이 사용해야 한다고 하면서 정작 우리가 늘 하고 있는 대화 속에서는 오감을 자극하는 표현을 많이 사용하지 않는 경우가 많다.

나는 비가 내리는 날 밖에 나가는 것을 별로 좋아하지 않는다. 집 안에서 빗소리를 듣는 것은 좋아하지만 밖에 나가 우산을 쓰고 사람들과 부딪치며 걸어 다니는 일은 딱 질색이다. 그래서 비에 대해서 물어보는 어떤 사람에게 나는 이렇게 말했다.

"저는 비 싫어요."

이 말을 들었을 때 상대는 어떤 생각이 들까? 상대는 내가 비를 싫어한다는 하나의 사실만 알 수 있게 된다. 내가 비를 얼마나 싫어하는지, 왜 싫어하는지에 대해서는 전혀 알 수 없는 것이다. 이런 대화는 상대에게 사실 이 외에 전달할 수 있는 것이 아무것도 없다. 그렇기 때문에 아무에게도 호감을 줄 수가 없다. 반면 똑같은 질문에 이렇게 대답을 해보면 어떻게 될까?

"저는 비 싫어요. 가방도 무거운데 우산까지 드는 것도 귀찮고 빗물에 옷이라도 젖으면 축축하잖아요. 거기에 사람들이랑 부딪치기라도 하면 옷도 더 젖고 찝찝하고."

이렇게 말을 한다면 상대는 내가 비오는 날을 어떤 이유에서 싫어하는지 알 수 있고 얼마나 싫어하는지도 내 표정이나 말투에서 느낄 수 있다. 게다가 물에 젖은 옷이 피부에 닿았을 때의 축축함을 떠올릴 수 있다.

사람들과 이야기를 할 때 감각을 자극할 수 있는 표현을 사용하는 것이 좋다. 그들은 그 표현을 통해 내 이야기에 더 집중할 수 있기 때문이다. 감각적인 표현을 사용하면서 말을 하다 보면 나 자신이 먼저 그 느낌을 떠올리게 된다. 그래서 말할 때의 표정이나 말투에서 감정이 묻어나게 된다. 그러면 사람들은 자연스럽게 내 기분을 알 수 있게 되고 내가 사용한 표현을 통해 그 느낌이 어떤 것인지 알아차리는 것이다. 그러다 보면 어느새 내 말에 귀를 기울이는 것이 느껴진다.

누군가 맛있는 음식을 먹고 와서 그 음식이 정말 맛있었으니 다음에 한번 가보라고 말한다면 우리는 그 말을 쉽게 잊어버리고 만다. 많은 사람들과 말뿐 아니라 메신저나 SNS 같은 글로도 대화를 하는 요즘 평면적인 사실까지 우리는 기억할 수가 없다. 그러나 오감을 자극하는 표현을 사용하여 말한다면 우리는 그 느낌을 꽤 긴 시간 기억하게 된다.

"오늘 먹은 김치찌개 진짜 맛있더라. 새콤하게 잘 익은 묵은지에 돼지고기를 내 손가락 마디만 하게 듬성듬성 썰어서 넣어주는데 국물 맛이 진짜 일품이었어. 그 진한 맛이 지금도 맴도는 것 같아. 다음에 한번 가봐."

이런 말을 들으면 입 안에 침이 고이면서 김치찌개가 먹고 싶어진다. 그래서 그날 저녁 혹은 그 다음 날 점심에는 김치찌개를 먹게 된다.

사람들은 이렇게 말을 듣는 순간 바로 느낄 수 있는 대화를 좋아한다. 마치 내 눈 앞에 그것이 있는 듯 생상하게 느껴질 때 우리의 대화는 더 풍성해지고 사람들은 우리의 이야기에 귀를 기울이게 되는 것이다.

상대의 오감을 자극하면서 대화를 하게 되면 상대는 우리가 느낀 상황을 마치 함께 느낀 것 같은 기분이 든다. 그러다 보면 우리의 말을 더 잘 이해할 수 있고 쉽게 받아들일 수 있는 것이다. 그러니 귀를 기울이는 것은 당연한 일이 된다.

누군가와 이야기를 할 때 단순히 말을 주고받는 것은 누구나 할 수 있다. 하지만 내 말을 귀담아 듣게 하고 내가 느낀 감정을 같이 공유할 수 있도록 말을 하는 것은 쉬운 일이 아니다. 사람들은 감각적인 표현을 사용하여 마치 그 상황을 함께 느낀 것 같은 생생한 이야기에 귀를 기울인다. 감정을 함께 느끼며 공유하는 대화는 말하는 사람과 듣는 사람 모두의 마음을 풍성하게 만들어주기 때문이다.

이제는 내 이야기에 사실만 담지 말고 내가 느낀 감정을 담아보는 것은 어떨까. 그리고 사람들의 오감을 자극할 수 있도록 감각적인 말들로 그것을 표현한다면 상대는 자신도 모르는 사이 우리의 이야기에 푹 빠져들게 될 것이다.

156

07 | 상대의 마음을 사로잡는 시간 단 1분

　우리가 너무나 잘 알고 있는 애플의 창업자 스티브 잡스는 청중에게 효과적으로 핵심을 잘 전달하는 것으로도 유명하다. 아이폰을 비롯한 애플의 제품이 출시되기도 전부터 사람들의 관심을 폭발적으로 받는 건 신제품 설명회에서 그가 하는 행동과 말들이 큰 영향을 미쳤다.

　아이팟 나노를 선보이는 설명회에서 스티브 잡스는 언제나 그렇듯 청바지 차림으로 양손에 아무것도 가지지 않은 채 사람들 앞에 섰다. 그를 본 사람들은 기대하고 있던 것이 보이지 않자 웅성거리기 시작했고 그는 뜬금없는 질문을 했다.

　"청바지 오른쪽 주머니에는 또 하나의 작은 주머니가 있습니다. 이것은 왜 있는 걸까요?"

　그의 질문에 사람들은 다시 한 번 웅성거렸다. 그러자 그는 자신이 했던 질문에 대한 답을 하기 시작했다.

"저는 이 주머니의 용도를 알았습니다."

그러면서 청바지의 오른쪽 주머니에서 아이팟 나노를 꺼내 선보였다.

이 일화는 많은 사람들의 기억 속에 지금도 남아 있을 정도로 유명한 사건이었다. 크기가 작아 휴대하기 편리하다는 몇 마디의 말보다 바지 주머니에 음악을 넣고 다닌다는 메시지를 효과적이면서도 정확하게 청중에게 전달했던 것이다.

스티브 잡스는 이렇게 짧은 시간 안에 사람들의 관심을 끌어 자신이 하고자 하는 이야기를 효율적으로 전달할 줄 아는 사람이었다. 그가 모두가 그러하듯 아이팟 나노를 처음부터 손에 들고 나왔다면 사람들은 그의 말보다 기계에 더 많은 관심을 기울였을 것이다. 그러나 빈손으로 아무것도 가지지 않은 채 나왔다는 사실 하나만으로 그는 사람들의 호기심을 자극하기에 충분했다.

게다가 신제품과 전혀 상관없을 법한 뜬금없는 질문도 큰 효과를 발휘했다. 청바지의 오른쪽 주머니 속에 또 하나의 주머니가 있다는 것을 그 순간 새삼스럽게 기억해낸 사람들도 있었을 것이다. 그리고 그 작은 속주머니 안에서 나온 아이팟 나노는 사람들의 관심을 끌기에 충분했다.

그는 이렇게 짧은 시간에 사람들의 관심을 끌어 모아 자신이 하고자 하는 이야기를 전달하기 위해 말뿐 아니라 온몸으로 이야기를 한 사람이었다. 단순히 말로만 설명하는 것이 아니라 온몸으로 사람들에게 말을 함으로써 사람들은 그가 얘기하려던 것이 무엇이었는지 더 빠르게 알 수 있었던 것이다.

우리는 흔히 기억력이 좋지 않은 사람에게 '붕어 머리'라는 말을 할 때가 있다. 그런데 이제 우리가 이렇게 말했던 것에 대해 붕어에게 사과를 해야 할지도 모르겠다. 사람과 금붕어의 집중 시간을 보면 금붕어는 9초, 사람은 그보다 더 적은 8초라고 한다.

빠르게 변화하는 현대 사회에서 우리는 자극적이면서도 현란하게 우리의 시선을 사로잡는 것들에 너무 많이 익숙해져 있다. 그러다 보니 우리의 집중력 또한 그만큼 짧아져 버린 것이다. 우리는 사람들이 우리의 이야기에 귀를 기울이는 찰나에 그들의 마음을 사로잡아야만 한다. 그래야 사람들이 우리의 말에 계속해서 귀를 기울여 줄 것이기 때문이다.

내가 전시 진행을 위해 관람객 앞에 섰을 때 가장 중요하게 여기는 순간이 있다.

"안녕하세요."

누구와 만나든 매일같이 우리가 사람들과 나누는 인사 한마디를 건네는 시간이 바로 그때이다. 너무나 익숙한 이 다섯 글자를 말할 때 나의 목소리, 나의 태도가 앞으로 진행될 전시의 전반적인 분위기를 결정한다고 해도 과언은 아니다.

서로 모르는 사람들이 만나 인사를 나누는 그 순간만큼 어색하고 긴장되는 시간이 없다. 전시를 보기 위해 입장한 관람객들도 그들을 맞이하는 나도 긴장되기는 마찬가지이다. 쉽게 어차피 전시관이라는 특정한 공간 안에서 한 번 만나고 헤어지면 그만인데 뭘 그렇게 거창하게 여기느냐고 말하는 사람이 있을지도 모르겠다. 하지만 처음 만나는 그 순간에 전시의 전체적인 분위기는 물론 전시의 퀄리티, 그리고 나아가서는 전시관을 떠났을 때 사람들이 우리의 전시를 기억하느냐 하지 못하느냐가 결정되는 가장 중요한 시간이라고 생각한다. 그래서 '안녕하세요.'라는 짧은 한마디를 할 때 나는 그렇게 긴장될 수가 없다.

내가 먼저 인사를 건네고 내 소개를 간단하게 하는 시간은 1분 정도의 짧은 시간이다. 그 시간에 나는 사람들이 내 이야기를 들을 준비를 할 수 있도록 그들의 마음을 열어야 한다. 그래서 말로만 인사를 건네는 것이 아니라 한 사람 한 사람 손을 잡아주며 악수를 건넨다.

그리고 누구와 같이 왔는지, 내가 그들과 소통하기 위해 어떤 호칭을 사용해야 할지에 대해서 간단하게 이야기를 나눈다. 사람들은 인사와 함께 내가 내민 손을 덥석 잡기도 하고 어색하게 그 손을 피하기도 한다. 하지만 그들에게 내가 전달하고 싶은 것이 무엇인지는 모두 느낌으로 잘 알고 있는 것 같다. 1시간이 넘는 긴 시간 동안 서로 즐거운 시간이 될 수 있도록 잘해보자는 의미라는 것을 그들도 다 알고 있다.

누군가와 이야기를 나눌 때 그의 마음이 온전하게 우리에게 집중될 수 있는 시간은 고작 8초에 불과하다. 그리고 그 8초를 통해 우리는 빠르게 그들에게 다가갈 수 있어야 한다. 즉 우리가 상대의 마음을 사로잡는 데 필요한 시간은 단 1분이면 충분하다는 것이다. 1분 안에 우리는 상대의 마음을 사로잡아 앞으로 전개될 우리의 이야기를 들을 수 있도록 해야 한다. 그렇지 않으면 그들은 우리의 이야기보다 자신의 머릿속에서 스쳐 지나가는 생각들에 마음을 빼앗기고 말 것이다.

몇 번을 강조해도 부족함이 없는 것이 우리에게 주어진 시간이다. 우리가 말할 수 있는 시간이 10분이라 할지라도 그들이 우리의 말을 듣는 시간은 처음 1분이다. 그리고 그중에서 8초만이 온전하게 우리에게 집중하는 시간이다.

그래서 우리는 구구절절 우리가 하고 싶은 말을 고스란히 꺼내놓아서는 안 된다. 우리가 하고자 하는 말 중에서도 가장 중요한 핵심을 먼저 말할 수 있어야 한다. 우리가 하고 싶은 이야기들의 우선순위를 정해서 가장 중요한 핵심적인 이야기를 해야만 사람들은 남은 시간 동안 우리의 이야기를 듣게 된다.

그리고 절대 어렵고 복잡하게 말해서는 안 된다. 어렵고 복잡한 이야기는 기껏 사로잡은 그들의 마음이 다른 곳으로 달아나 버리게 만들 것이다. 쉬우면서도 단순하게 이야기할 때 사람들은 더 집중해서 우리의 이야기를 들을 수 있다. 자신이 이해할 수 있는 말이기 때문에 관심을 가지게 되는 것이다.

거기에 재미까지 더해진다면 처음 집중했던 8초는 1분이 되고 그 1분이 3분, 5분 10분이 되어 사람들은 계속해서 우리의 이야기를 듣게 된다. 시간 가는 줄 모르고 우리의 말에 집중하게 되는 것이다.

재미가 있어야 한다고 해서 가벼운 농담을 하거나 텔레비전 속 개 그 프로그램을 흉내를 내라는 것은 아니다. 내가 말하는 재미는 사람들이 공감할 수 있는 이야기를 해야 한다는 것이다. 마치 내 일인 것처럼, 마치 나도 한 번쯤 겪었던 일이었던 것처럼 말을 할 때 사람들은 그 이야기에 마음을 빼앗기게 된다. 이 말은 곧 자신이 생각하는 것, 겪었던 것들을 사람들에게 솔직하게 풀어내야 한다는 것을 의미하기도 한다. 흔한 이야기라 할지라도 자신만의 이야기로 스토리를 담아낸다면 사람들은 그 스토리에 귀를 쫑긋 세우게 된다.

사람들과 이야기를 할 때 우리가 기억해야 할 것은 단 한 가지다. 우리에게 주어진 시간은 무한하지 않다는 것이다. 아니, 너무나 적다는 것이다. 그 사람과 마주앉아 있는 시간이 길다고 해서 우리의 대화 시간이 긴 것은 아니다. 우리의 대화 속에서 우리가 하고 싶은 이야기를 전달할 수 있는 시간은 그리 길지 않다.

자투리 시간이라고 말하기도 어려운 시간이 바로 1분이다. 하지만 우리는 그 1분 사이에 사람들의 마음을 사로잡을 수 있어야 한다. 1분 동안 단순히 입술만 움직이는 것이 아니라 상대와 눈을 맞추고 내가 하고 싶은 이야기를 위해 온몸으로 상대에게 다가갈 때 상대는 우리에게 마음의 문을 활짝 열어줄 것이다.

08 | 죄책감 없이 "NO"라고 말해라

내 주변에 있는 많은 사람들은 내가 대학을 다니지 않은 것으로 알고 있다. 1학년 1학기를 다니고 그만두었기 때문에 굳이 대학에 대해 사람들에게 이야기할 것도 없었고 물어오는 사람도 없었다. 그래서 말을 해야 할 상황이 아니고서는 내 대학 생활에 대해서 굳이 말하지 않게 되었다.

초등학교 시절부터 글 쓰는 것을 좋아했던 나는 수능이 끝나고 학과를 선택할 때도 고민이나 망설임 같은 것이 없었다. 당연히 국어국문학과 아니면 문예창작과에 진학할 것이라고 나뿐만 아니라 가족들, 친구들 모두가 그렇게 생각을 했다. 그리고 나는 전문대학의 문예창작학과에 입학했다.

그런데 막상 대학 생활을 하면서 함께 공부하는 동기생들에 대한 실망이 너무나 컸다. 그래서 동기들과 잘 어울리지 못했던 것 같다. 정말 글을 쓰고 싶어서 온 사람은 몇 되지 않았고 자신의 성적에 맞춰서 어쩔 수 없이 온 사람들이 대부분이었다. 솔직히 말해서 학교에 놀러 온 것인지 꿈을 찾기 위해 온 것인지 구별이 되지 않는 사람들도 있었다.

정말 글을 쓰고 싶어서 온 사람들 중에는 괜찮은 친구들도 있었지만 한편으로는 내가 보기에도 형편없는 글들도 있었다. 내가 가지고 있었던 환상과 현실의 차이는 너무나 컸다.

나는 소설 시간을 좋아했다. 소설 수업은 자신이 쓴 단편 소설을 가지고 나와 발표하는 형식으로 이루어졌다. 그러면 소위 말해서 인정사정없이 까이기 일쑤였다. 그 글을 본 동기들과 교수님의 솔직한 지적을 들으며 눈물 쏙 빠지게 첨삭을 당하는 것이다.

그날도 어김없이 수업이 시작되었다. 발표는 자율적으로 본인이 하고 싶은 사람이 신청을 하는 것이었다. 나는 발표를 하는 동기 오빠의 소설을 읽다가 잠시 A4용지를 책상 위에 올려놓았다. 문장 부호가 하나도 없는 글은 처음 본 것이다. 하다못해 마침표도 없었다. 그리고 이 글에 대한 평가를 하라는 교수님의 말에 손을 들고 문장부호에 대한 지적을 했다.

수업이 진행되는 내내 분위기는 묵직하기만 했다. 교수님의 모습도 어쩐지 평소보다 훨씬 어두운 얼굴이었다. 그리고 수업이 끝날 무렵 교수님은 이 원고는 지나칠 정도로 엉망이라며 바닥으로 던져 버렸다.

"이런 모습을 보고도 다음 시간에 발표해 보겠다는 사람이 있다면 손을 들어 주세요."

무거운 분위기가 말없이 학생들의 어깨를 내리 누르는 듯 아무도 손을 들지 않았다. 나 역시도 손을 들어야 할지 말아야 할지를 고민했다. 하지만 누구 하나는 해야 할 것 같았다. 그것이 우리를 가르쳐 주는 교수님에 대한 예의일 것 같았다. 그래서 나는 용기를 내어 소심하게 손을 들었다.

"좋아. 준비해 오고. 너는 오늘 지적받은 내용들을 잘 기억해서 이 원고를 수정해 오면 다시 한 번 기회를 줄게."

이렇게 다음 시간 소설 발표자는 나와 동기 오빠 두 사람으로 결정이 났다.

나는 솔직히 겁이 났다. 내가 글을 잘 쓴다는 생각에 손을 든 것이 아니라 누구 하나는 해야 할 것 같은 마음에 마지못해 발표하겠다고 했던 것을 후회하기도 했다. 내 원고도 땅바닥에 떨어지는 비참한 모습이 될까 봐 무섭기만 했다.

그런 나에게 동기 오빠가 다가왔다. 그러고는 미소 띤 목소리로 자신의 원고를 수정해 달라고 말하는 것이 아닌가. 나는 부탁을 가장한 떠넘김을 들어주고 싶지 않았다. 나 역시도 같은 날 발표를 해야 하는 입장이었고 스스로의 원고는 자신이 고쳐야지 누구한테 과제를 떠넘기는 건가 하는 생각도 들었다. 그런데 정말 바보같이 거절을 하지 못했다. 나이가 나보다 다섯 살이 많았기 때문이기도 하지만 무엇보다 가장 큰 이유는 사람들의 부탁을 잘 거절하지 못하는 나의 우유부단한 성격 탓이었다.

결국 나는 하나의 원고를 쓰고 하나의 원고를 수정해야 하는 처지가 되어 버렸다. 시간이 부족해 밤을 새워야 하는 상황에 이르렀고 눈은 빠질 듯이 아팠다. 바보같이 그거 하나 거절하지 못해서 새벽까지 이러고 있어야 하는 건가 하는 생각에 나 자신이 정말 바보처럼 느껴졌다.

그리고 소설 수업이 있던 날, 나는 내가 정말 멍청한 짓을 했다는 것을 절실하게 깨달았다. 소설 수업을 앞두고 있을 때 내 뒤쪽에서 들리는 동기 오빠의 목소리 때문이었다.

"야, 근데 쟤 것도 문장 부호 없잖아. 여기 봐봐. 이거 잘못된 거 아니야?"

정말 내 스스로가 그렇게 원망스러울 수가 없었다. 기껏 좋은 마음으로 도와줬더니 내 뒤에서 한다는 소리가 내 원고에 대한 지적이었다. 게다가 내 앞에서는 웃으면서 고맙다는 인사까지 해놓고서 속으로는 내가 자신의 원고를 지적한 것이 꽤나 아니꼬웠던 것이다.

나는 그 일을 계기로 차라리 들어줄 수 없는 부탁이나 정말 해주고 싶지 않은 것에 대해서는 거절하는 것이 더 옳은 것이 아닌가 하는 생각이 들었다. 현명한 거절은 미안한 것이 아니라 서로의 발전을 위해 더 좋은 영향을 미칠 수 있다는 것을 생각하기 시작한 것이다.

내가 우유부단하게 사람들의 부탁을 거절하지 못했던 것은 나 자신이 다른 사람들에게 많은 부탁을 하면서 살아가야 하는 사람이었기 때문이다. 내 친구들은 늘 나를 대신해 가위질을 해줘야 했고 필기 노트를 빌려줘야만 했다. 그런 친구들이 고마워 내가 해줄 수 있는 것은 해줘야 하는 것이 당연하다고 생각했다.

게다가 중, 고등학교 친구들은 나에게 무리한 부탁을 하지도 않았다. 그들은 내가 들어줄 수 있는 범위 내에서 말을 했고 혹시라도 내가 힘들어할 수도 있는 것에 대해서는 진심 어린 미안함을 담아 이야기를 했다. 또 고마움을 표현할 때도 그들은 늘 진심이었다. 그런 친구들에게 익숙해져 있던 나에게 동기 오빠의 행동은 충격 그 자체였다.

나는 그 일을 계기로 내가 도와줄 수 없거나 나에게 무리가 되는 일에 대해서는 거절을 하는 것이 좋다는 것을 깨달았다. 그래서 말을 하는 그 순간에는 미안할지라도 솔직하게 도와줄 수 없다고 말을 하기 시작했다. 내가 해줄 수 없는 것을 미련하게 붙들고 있다가 제대로 해주지 못하는 것은 내 시간과 에너지 낭비일 뿐 아니라 그들에게도 좋지 못한 결과를 가져다 줄 것이 분명했기 때문이다.

얼마 전 전시를 앞두고 휴게실에 앉아 있을 때 전화벨 소리가 들렸다. 전화를 받는 사무실 직원들이 아직 출근하기 전이었기 때문에 나는 전화기 앞으로 다가갔다. 아직 근무 시간 전이었기 때문에 받지 않아도 무관한 전화였지만 어쩐지 급한 일일 수도 있다는 생각이 들었다.

"예매 사이트에 자리가 한 자리밖에 없어서 현장에서 한 자리를 더 구매하려고 하는데 가능하죠?"

솔직히 나는 황당했다. 예매 사이트에 잔여 좌석이 1석이라는 것은 남아 있는 자리 자체가 한 자리라는 것인데 현장에서 어떻게 하나를 더 예매하겠다는 것인지 당황스럽기만 했다. 게다가 취소되는 좌석이 있을 거 아니냐는 식으로까지 말하는 고객에게 나는 괜한 희망을 주고 싶지 않았다.

"사이트상에 잔여 좌석이 1석이면 그 시간대에 더 이상 자리가 없다는 얘기입니다. 그리고 현장에서 취소되는 자리가 있을 수는 있겠지만 없을 수도 있기 때문에 오셔서 기다리시는 건 어려우실 것 같아요. 아쉽지만 오늘은 어려우시고요. 다른 날짜에 관람해 주셔야 할 것 같습니다."

나는 미안함보다는 아쉬움을 담아 상대에게 이야기했다. 그녀는 불쾌함보다는 안타까운 목소리로 알겠다며 전화를 끊었다.

만약 예전의 나였다면 어땠을까? 그녀에게 안 된다는 말을 쉽게 하지 못해 어설픈 희망을 주거나 예약을 담당하는 동료들을 힘들게 만들었을지도 모른다. 하지만 어설픈 희망이 이루어지지 않았을 때 그 실망감은 더 크다는 생각에 나는 처음부터 현실적인 이야기를 꺼냈다. 그리고 어떻게 해주지 못해 안타깝다는 마음을 함께 전달하기 위해 노력했다.

우리가 착각하는 것 중에 하나가 누군가에게 부탁이나 요청을 받았을 때 그것을 거절하면 어쩐지 미안한 마음이 생기고 잘못을 한 것 같은 마음이 든다는 것이다. 하지만 이것은 말 그대로 착각일 뿐이다. 오히려 우리가 무리한 부탁이나 요청을 거절하지 못해 그것을 끌어안고 끙끙거리다가 들어주지 못하는 것이 더 큰 잘못이라고 할 수 있다.

사람들에게 부탁을 받았을 때 그것을 들어줄 수 없는 상황이라면 더 확실하게 거절의 의사를 밝혀야 한다. 그래야 상대도 내가 아닌 다른 사람을 찾거나 다른 방법을 모색할 수 있기 때문이다. 우리가 우유부단하게 요청을 들어준 것도 아니고 들어주지 않은 것도 아니게 행동하면 상대는 자신의 생각대로 판단을 하거나 어떠한 행동도 하지 못한 채 시간만 낭비하게 될 수도 있다.

이제는 거절하는 것이 상대를 난처하게 만든다는 착각에서 벗어나야 할 때이다. 우리가 우리의 입장을 솔직하고 분명하게 말함으로써 상대는 더 좋은 방법을 찾을 기회를 얻게 된다. 그러므로 오늘부터는 다른 사람의 부탁에 무조건 "YES!"라고 말하기보다 내가 해줄 수 있는 것인지 아닌지를 먼저 판단해 보는 건 어떨까? 그리고 어려운 것이라면 과감하고 당당하게 "NO!"라고 말하는 분명한 사람이 되어야 할 것이다.

09

성공한 사람들은 100% 긍정언어를 쓴다

미국 문학의 고전으로 잘 알려져 있는 '숲속의 생활'의 저자 헨리 데이비드 소로는 하버드를 졸업한 수재였다. 그는 자연에 대해서는 물론 사회 문제에 대해서도 민감한 사람이었다. 멕시코 전쟁에 반대하며 수입이 없어도 사람의 머릿수대로 세금을 징수하는 인두세를 내지 않아 감옥에 투옥되었을 정도로 자신의 신념이 강하기도 했다.

이러다 보니 그의 삶은 평탄하지 않았던 것 같다. 하버드를 졸업한 후 자신의 모교에서 학생들을 가르쳤지만 그 시간이 그렇게 길지 않았다. 체벌에 반대하여 사직을 선택했던 것이다. 게다가 토지 측량과 가업인 연필 제작을 하는 일을 돕기도 했다고 한다.

그는 인두세 납부를 거절한 죄로 옥살이를 했던 경험을 바탕으로 '시민의 반항'을 집필했다. 그리고 이것은 후에 간디의 민족운동에 영향을 미친 것으로도 잘 알려져 있다. 또 1854년에는 이미 4년 전에 의회에서 통과된 도망 노예법에 반대하는 강연을 하기도 했다.

만약 그가 이렇게 자신의 신념을 따르지 않았다면 그는 우리에게 어떻게 기억되었을까. 어쩌면 그는 너무 평범하여 100년이 훨씬 지난 지금까지 이름을 알리지 못했을지도 모른다. 그저 평범한 교사로 살았을 수도 있기 때문이다.

하지만 그는 체벌에 반대하여 학교를 그만두고 그르다고 생각하는 사회 문제에 대해서는 과감하게 자신의 생각을 표현했다. 옥살이를 감수하면서까지 옳지 않은 것에 맞섰던 용기 있는 사람이었던 것이다. 그의 이런 신념이 묻어 있는 저서들이 후세에게 영향을 미치고 오랫동안 읽히는 이유가 여기에 있지 않나 싶다.

헨리 소로는 우리에게 이렇게 말한다.

"사람은 실패가 아니라 성공하기 위해 태어난다."

이 한마디로 우리는 그가 얼마나 긍정적인 표현을 많이 하는 사람인지를 짐작해 볼 수 있다. 하버드라는 명문대를 졸업하고 토지 측량을 해야 했고 자신의 생각과는 반대로 흘러가는 사회 속에서 그는 좌절해야 했을지도 모른다. 그런 상황에서 이미 제정된 법안에 대한 반대 강연을 물론 옥살이를 선택할 정도로 그는 당당하고 용기 있는 사람이었다.

우리에게 잘 알려져 있는 성공자들은 헨리 소로와 같이 자신이 하는 행동에 무척 당당하다. 그리고 그들은 하나같이 긍정적인 에너지를 갖고 있다. 당연히 말하는 것 또한 긍정적인 화법을 사용한다. 그들에게서는 실패란 절대 있을 수 없다는 굳은 의지와 그들처럼 살아간다면 나도 무엇인가 해낼 수 있을 것 같다는 동기부여를 저절로 받게 된다.

우리에게 경영의 신으로 잘 알려져 있는 마쓰시타 고노스케는 경영을 단순히 돈을 잘 버는 것으로 보지 않았다. 그는 경영이란 사람들의 행복에 기여하는 가치 있는 종합 예술로 여겼다. 그는 '좋은 물건을 싸게 많이 만들어 가난을 몰아내고 물질적 풍요를 실현하여 사람들에게 행복을 가져다준다.'는 사명감을 가지고 기업을 이끌었다.

그의 사명감에서도 느껴지듯이 그는 가난에 대한 생각이 많은 사람이었다. 그의 어린 시절을 보면 초등학교 4학년 때부터 학교가 아니라 화로 가게에서 점원으로 일을 해야 했다. 그 정도로 그의 집은 가난했다. 게다가 엄마의 손길이 필요한 열한 살 나이에 일을 마치고 집에 오면 외로움에 어머니를 그리워하며 눈물을 흘려야 했던 아이였다.

또 몸이 약했기 때문에 일을 쉬어야 할 때가 많았다. 그러면 일당을 받지 못해 밥을 굶어야 하는 날도 많았다고 한다. 열한 살부터 화로가게 점원으로 일을 해야 했던 그에게 공부는 사치였다. 또래의 다른 아이들은 가방을 메고 학교에 갈 때 그는 자신이 일을 하지 않으면 밥을 굶어야 하는 처지였으니 공부를 한다는 것은 생각도 하기 어려웠을 것이다. 허약했기 때문에 주경야독도 불가능했다.

그런 그가 성공 비결을 묻는 한 기자에게 이렇게 말했다.

"나는 하늘로부터 세 가지의 은혜를 받았습니다. 가난한 것, 허약한 것, 못 배운 것이 바로 그것이지요."

이 세 가지는 은혜라기보다는 재앙에 가깝다는 것이 솔직한 나의 생각이다. 그런데 마쓰시타 고노스케는 덧붙인다.

"가난했기에 부지런히 일했고 허약했기에 틈틈이 건강을 돌보아 80세가 넘도록 살아 있으며 못 배웠기에 늘 무언가를 배우려고 노력했으니 이게 은혜가 아니고 무엇이겠습니까?"

그는 다른 사람이 재앙이라 생각하는 것을 다른 시선으로 바라볼 줄 아는 사람이었다. 그리고 그것의 긍정적인 면을 찾아 좋은 의미로 해석했다. 그가 했던 말들이 많은 사람들에게 영감을 주고 힘을 주는 것이 그 이유가 아닌가 싶다.

마쓰시타 고노스케의 말을 들으면서 나는 가난과 허약한 몸, 그리고 배우지 못한 것에 대해서 다시 한 번 생각하게 되었다. 나도 저 세 가지 조건에서 자유로운 사람이 아니기 때문이다. 못사는 집은 아니었지만 그렇다고 넉넉한 집도 아닌 가정의 넷째 딸로 태어나 아예 못 보는 것도 아니고 잘 보는 것은 더더욱 아닌 나의 눈 때문에 '차라리 앞을 보지 못했다면.'이라는 벼락 맞을 생각을 안 했다면 거짓말이다. 스펙을 중요하게 여기는 사회에서 대학을 들어갔지만 졸업을 하지 않은 나는 결국은 고졸 학력이었다. 이런 것들을 다른 시각에서 바라볼 수 있는 계기를 마련해 준 것이 마쓰시타 고노스케의 말이었다.

이렇게 성공한 사람들은 다른 사람에게는 재앙과 같은 일도 다른 시각으로 바라보는 눈을 가지고 있다. 그리고 그것을 긍정적으로 해석함으로써 어려움을 기회로 만들어 낸다. 우리가 그들의 화법을 배워야 하는 이유가 여기에 있다.

부정적으로 말하는 사람과 대화를 하면 어느 순간 나도 모르게 지치게 된다. 그래서 핸드폰을 만지작거리며 시간이 빨리 흘러가기를 기다린다. 하지만 긍정적인 사람과 이야기를 나누면 내가 생각하지 못했던 것들에 대해서 다른 시선으로 바라보게 된다. 그러다 보니 시계를 볼 시간이 아까워질 정도로 상대의 말에 집중할 수 있다.

성공한 사람들의 말은 한 번 읽거나 듣는 것만으로 우리에게 많은 생각을 하게 해준다. 내가 마쓰시타 고노스케의 말을 통해 오랜 시간 가지고 있었던 내 조건을 다르게 해석할 수 있었던 것도 이런 영향이었다.

우리가 하루도 빠짐없이 하고 있는 대화는 입에서 나오는 순간 사라지는 것이 아니다. 상대의 귀를 통해 에너지가 되어 그에게 전달되기 때문이다. 사람들은 대화를 통해 누군가에게 위로를 받거나 문제에 대한 해결책을 얻기도 한다. 때로는 화가 머리끝까지 올라오는 분노를 느낀다. 이렇게 말은 한 번 입 밖으로 나가면 다시 주워 담을 수 없는 에너지가 되는 것이다.

이왕 상대에게 줄 에너지라면 좋은 말, 긍정적인 화법을 사용하는 것은 어떨까. 어차피 줄 거 나쁜 것보다는 좋은 영향력을 미칠 수 있는 것이 말하는 나에게도 듣는 상대에게도 기분 좋은 일이 아닐까 한다. 어차피 내가 줘야 하는 에너지라면 서로가 짜증 나고 지치는 에너지보다 서로에게 힘이 될 수 있는 말을 해주는 것이 대화를 나누는 사람들 모두에게 이로운 일이기 때문이다.

부정적인 화법에서 긍정적인 화법으로 말의 방향을 바꾸는 일은 쉬운 일이 아니다. 성공한 사람들도 태어날 때부터 긍정적인 화법을 사용했던 것임을 기억하자. 그들도 부정적인 말을 긍정적인 표현으로 바꾸어가면서 여러 날 동안 자신의 몸에 배이도록 노력한 것이다.

우리도 그렇게 하나씩 바꾸어 나가면 된다. 습관은 고치는 것이 아니라 새로운 것을 몸에 익히는 과정이다. 고치려고 하면 어떻게 해야 할지 막막하고 잘 안 되는 것처럼 느껴지지만 새로운 것을 배워 나간다고 생각하면 하루하루 변해가는 스스로의 모습에 기분이 좋아진다.

지금 이 순간부터 내가 하는 말들을 긍정적인 화법으로 만들어 보면 어떨까? 그러면 당신은 사람들에게 좋은 에너지를 전달하는 사람이 될 것이다. 만나면 괜스레 미소가 지어지는 사람, 함께 이야기를 나누면 마음이 따뜻해지고 무엇이든 할 수 있을 것 같이 힘이 되는 사람이 될 당신을 응원한다.

4장

. . . .

대화는 말이 아니라
마음을 주고받는 것이다

01 | 대화란
상대의 마음을 먼저 듣는 것이다

군이 기억을 떠올리려 해도 그날의 기억은 거의 남아 있지가 않다. 그날 내가 사람들과 나눈 이야기도, 있었던 일도 흐릿한 조각으로조차 남아 있지가 않다. 내가 기억하는 것은 단지 그날의 느낌과 내 귀로 들었던 단 한 마디뿐이다. 가끔은 이것이 내 기억인지 아니면 언젠가 꾸었던 꿈을 현실이라 착각하는 것인지 헷갈릴 때도 있을 정도로 가물가물하다.

1995년 3월 2일, 내가 초등학교에 입학한 해이다. 3월 2일이 목요일이었다고 하니 아마도 이날이 맞을 것이다. 나는 그날 가족과 유치원이 아닌 또 다른 사회에 첫발을 내디뎠다. 그리고 지금 돌이켜 생각해보면 30년도 채 되지 않는 짧은 내 인생에서 정말 중요한 사건이 벌어진 날이었다.

입학식을 마치고 나는 집으로 바로 오지 않았다. 그날 내가 어디에 있었는지는 기억나지 않지만 우리 엄마는 꽤 오랜 시간 나의 담임이 된 젊은 여자 선생님과 함께 이야기를 나누었다. 그리고 집으로 돌아와서 한참을 우셨다. 내가 기억하는 유일한 장면은 엄마가 나를 끌어안고 한참을 울었다는 것과 내 귓가에 들려온 엄마의 말 한마디가 전부다.

"내가 전생에 무슨 죄가 많아서 네가 이렇게 됐을까?"

눈물 섞인 엄마의 그 말을 들으며 나는 엄마의 품에서 무슨 일인지도 모르고 한참을 같이 울었다. 그 말 속에 담임선생님과 무슨 대화를 나누었는지가 고스란히 담겨 있음에도 나는 그것을 알아차리지 못했다. 그저 엄마가 우니까 따라 울었을 뿐이다.

담임선생님과 엄마의 대화 내용은 나중에 시간이 조금 흐른 뒤에 자세하게 알게 되었다. 엄마와 다른 사람이 이야기하는 것을 듣게 되었던 것인지, 아니면 엄마가 나에게 단속을 시키기 위해 직접 얘기해 주셨던 것인지는 기억이 나지 않는다. 다만 시간이 조금 흐른 뒤에 눈물 흘리던 모습과는 전혀 다른 얼굴로 엄마는 말했다.

"시험 보고 처음 온 선생님이라 겁을 내더라고. 특수학교로 보내라고. 자기는 못 맡을 것 같다고. 그래서 조금만 지켜보고 정 적응을 못하면 보내는 걸로 얘기했어."

한마디로 말해서 조건부 입학이었다. 내가 얼마나 적응을 하는지에 따라서 조금이라도 따라가지 못하면 특수학교로 보내지는 상황이었던 것이다. 그때는 이 말을 그렇게 중요하게 생각하지 않았던 것 같은데 흐릿한 기억 속에 이 사건이 남아 있는 걸 보면 나에게는 꽤 큰 충격이었던 것 같다. 사실 이것이 내가 처음으로 누군가에게 거부당한 사건이기도 했다.

나는 일곱 살에 유치원에 갔다. 그리고 그곳에서는 내가 시력이 나쁜 것에 대해서 나 자신도 잊고 지냈을 정도로 나는 평범하게 살았다. 단지 다른 친구들이 다 하는 태권도를 배우지 못했던 것이 차이라면 차이점이었다. 이것도 나중에 알게 된 사실이었지만 엄마가 위험하다는 이유로 수업에서 제외시켜 달라고 유치원에 요청을 한 것이라 한다. 그때는 나름대로 재미를 붙여가고 있던 차에 그만하게 된 것이어서 아쉬움이 좀 남았었다.

집에서도 시력이 나쁜 것에 대해 크게 인식을 하지 못하고 지냈다. 늦둥이 막내딸이었기 때문에 부모님의 관심을 독차지하는 것은 물론 세 명의 언니들도 특별히 더 보호를 하거나 너는 잘 보지 못한다는 식의 말은 전혀 사용하지 않았다. 내가 특수학교가 아니라 공립 초등학교에 입학하게 된 것도 언니들의 역할이 컸다.

그중에서도 나보다 열한 살이 많은 큰언니가 가장 큰 역할을 해주었다. 일단은 보내보고 적응할 수 있는지 없는지를 지켜봐야 하는 것 아니냐고 언니가 말했다고 한다. 기회를 주지도 않은 채 어른들의 선택에 의해 특수한 아이로 성장시키고 싶지는 않다는 것이 언니의 의견이었다.

그렇게 나는 난생처음으로 누군가에게 거부를 당하면서 조건부 입학을 하게 되었다. 그리고 특출하게 무언가를 잘하는 아이는 아니었지만 담임선생님과 친구들의 배려 속에서 무시히 1학년을 마치고 2학년으로 진학할 수 있게 되었다. 그렇게 공립 초등학교, 공립 중·고등학교의 12년간의 학창 시절을 나는 나보다 세상을 더 많이 보고 더 넓게 보는 친구들과 어울리며 보냈다.

어떤 사람들은 나에게 대단하다고 말한다. 그리고 독하다고 한다. 어떤 때는 왜 이렇게 빡빡하게 세상을 사느냐고도 묻는다. 그런데 그들은 알고 있을까. 그것은 내가 대단하거나 독해서가 아니라 버텨야 하는 분명한 이유가 있었기 때문에 그렇게밖에 할 수 없었다는 것을.

1학년 때는 엄마가 잘해야 한다고 하니까 친구들에게 뒤떨어지고 싶지 않았다. 내가 따라가지 못하면 기껏 친해진 친구들을 떠나 다른 학교로 전학을 가야 한다고 하니 그게 싫어서 더 열심히 학교생활을 했다.

그 이후로는 잊히지 않는 기억 속의 말들이 나에게 채찍질을 해주었다. 엄마가 말하지 않아도 담임선생님과 엄마의 대화가 짐작이 되기 시작했다. 그 상황을 눈으로 보았는지 아닌지는 모르지만 그런 일을 두 번 다시 만들고 싶지 않았다.

막내 동생을 위해 부모님에게 자신의 목소리를 내준 언니들에게 실망을 주고 싶지도 않았다. 언니들이 투쟁으로 얻어준 기회를 잃어버리고 싶지가 않았다. 그래서 나는 버틸 수밖에 없었다. 앞으로 뛰어나갈 수는 없지만 그렇다고 뒤떨어지고 싶지도 않아 언제나 중간을 유지해야만 했다. 내 목표는 최고가 되는 것보다 다른 친구들보다 뒤떨어지지 않는 것이 되어버렸던 것 같다.

생각해보면 나는 학교에서 좋은 일이 생기면 집에서 말을 하지만 나쁜 일에 대해서는 말을 하지 않고 감추었던 것 같다. 지금이야 좋은 일이든 나쁜 일이든 가리지 않고 속사포처럼 떠들지만 그때는 친구들에게 놀림을 당하거나 하는 일에 대해서는 최대한 말을 아꼈던 것 같다. 이것이 아마도 20대 초반까지 이어지지 않았나 싶다.

나도 모르던 부분 중에 하나가 내가 아무렇지 않은 척을 잘하는 사람이라는 사실이었다. 다른 사람들은 말하기 어려워하는 이야기를 마치 남의 얘기하듯이 가볍게 말하고 지나쳐 버리고는 했었다. 그런데 그것 또한 나를 방어하기 위한 하나의 방법이었던 것 같다. 뒤떨어지면 안 되고 약해 보이면 안 되며 못나 보여서는 안 된다는 나의 강박관념이 만들어낸 버릇이었다.

이런 내가 사람들과 잘 어울릴 수 있는 방법에 대해 관심이 많았던 것은 어쩌면 당연한 일이었을지 모른다. 집에서 사랑받는 막내딸이었기 때문에 세상에 나를 싫어하는 사람은 없을 것이라 생각했다. 그런데 학교를 다니기 시작하니 전혀 그렇지 않았다. 나는 첫 번째로 나를 거부했던 담임선생님의 사랑을 받아야만 했다. 그래서 어떻게 하면 내가 예쁘게 보일 수 있을지 고민을 많이 하지 않았을까 싶다.

겉모습이 예쁜 것은 어느 정도 타고나야 하는 것도 있고 내가 잘 보지 못하기 때문에 크게 관심이 없었다. 자연스럽게 나는 눈에 보이지 않지만 사람들이 나와 마주하면 그냥 지나칠 수 없도록 만드는 뭔가를 안에서 찾게 되었다. 그렇게 나는 진심이라는 것에 관심을 갖게 되었고 솔직하지 않으면서 솔직한 척 살아가게 되었다.

나는 어떤 순간에서도 진심은 통한다는 말을 믿는다. 심지어 가식도 계속해서 반복하다 보면 어느 순간 진심이 되는 때가 올 것이라고 믿는다. 그래서 사람들을 대할 때 그들과 이야기하는 그 순간만큼은 내 앞에 있는 사람에게 집중하려 노력했다. 처음에는 어렵지만 자꾸만 하다 보면 그가 말하는 것의 의미를 알 수 있고 그 말 속에 담긴 마음이 들리기 시작했다.

나는 한 번 전화기를 들면 2시간 정도를 떠들고 친구와 잠깐 만나기로 하고서는 지하철 개찰구 앞에 멈춰서 한 시간가량을 떠드는 사람이다. 이 정도로 사람들과 말하는 것을 좋아한다. 그리고 그들 역시도 나와 이야기를 나누면 생각하지 않았던 말까지 하게 된다고 한다.

그것은 아마도 나의 듣는 습관 때문이 아니었을까 싶다. 나는 사람들에게 다가갈 수 있는 유일한 방법이라는 생각에 익혔던 것이지만 그들에게는 그런 내 모습이 나다운 모습으로 보였던 것이 아닐까 한다.

나는 그들의 말 속에서 말만 듣는 것이 아니라 어떤 마음인지를 느끼려고 노력한다. 내가 표정까지 정확하게 볼 수 없어도 함께 눈을 맞추며 대화하고 목소리에서 묻어나는 분위기나 말 속에 담긴 마음이 무엇인지 바라보려 노력한다. 물론 내가 그 사람이 될 수는 없기 때문에 완전하게 알 수는 없다. 다만 마음을 활짝 열어놓고 그들의 마음을 느끼려 노력하는 것이다.

사람들은 흔하게 대화는 서로 말을 주고받는 것이라 생각한다. 하지만 내가 생각하는 대화는 의미가 조금 다르다. 말이라는 방법을 사용하여 서로의 마음을 주고받는 것이 진정한 대화가 아닐까 한다. 그렇기에 우리는 겉모습과 같은 말보다 그 안에 들어 있는 상대의 마음을 먼저 들을 줄 알아야 한다.

　우리의 진정한 귀는 얼굴에 붙어 있는 귀가 아니다. 우리의 가슴이다. 이제는 귀로만 말을 듣는 것이 아니라 귀를 통해 가슴으로 전해지는 말에 더 집중해 보면 어떨까. 오랜 시간 이런 대화에 관심을 가지고 살았지만 아직 나도 부족할 때가 많다. 그렇기에 더 잘하고 싶어 여러 책을 읽고 사람들과 이야기를 나누며 공부를 하는 것이다.

　나는 나와 이야기를 나눌 때 진심이 느껴지는 사람이 좋다. 그래서 사람들에게 나도 그런 모습으로 보이기를 원한다. 어쩌면 나도 솔직한 것이 아니라 여전히 솔직한 척을 하고 있는지도 모르겠다. 하지만 이렇게 척을 하다 보면 어느 순간 정말 솔직해진 내 모습과 만나지 않을까. 그런 기대로 오늘도 나는 내 주변 사람들의 말에 귀를 기울이려 한다. 얼굴 옆에 있는 귀가 아니라 내 심장에, 내 내면에 있는 귀를 쫑긋 세워본다.

따뜻한 말 한마디가
상대의 마음을 연다

아주 오래전에 본 TV 프로그램 하나가 생각난다. 너무 오래되어 제목도, 나왔던 배우들도 기억나지 않지만 지금도 기억나는 장면이 있다.

두 남자와 한 여자가 있었다. 두 남자는 모두 한 여자를 좋아했다. A라는 남자는 용기가 있어 여자에게 고백할 마음을 먹고 있었고 B라는 남자는 자신은 그녀와 어울리지 않는다는 생각을 하고 있었다. 그러다 A는 B에게 고백을 할 것이니 자신을 도와달라고 부탁했다. 용기 없는 B는 마음은 아프지만 그 부탁을 들어주었다.

A는 여자가 일하는 사무실로 꽃다발을 보냈다. 꽃다발을 받은 여자는 기뻐하며 아름다운 꽃을 무척 마음에 들어 했다. 그리고 꽃다발 속에 있던 카드를 꺼내어 내용을 읽어 나갔다. 꽃 배달은 다음 날에도 그 다음 날에도 계속 왔다. 여자는 어느 순간부터 꽃은 안중에도 없고 꽃다발 속에 들어 있는 카드만 챙겨서 읽었다. 꽃은 쓰레기

통에 버려지게 되었다.

안타깝게도 내가 기억하는 것은 여기까지이다. 꽃다발은 A가 준비한 것이었지만 편지는 B가 쓴 것이어서 결국 B와 여자가 연인이 된다는 이야기였다. 그런데 가장 중요한 장면인 B를 알아보는 부분이 생각이 나지 않는다.

내가 클라이맥스도 아닌 이 장면을 기억하는 것은 어린 마음에 꽤나 충격을 받았던 것 같다. 나는 당연히 여자가 꽃을 중요하게 여길 것이라 생각했다. 세상에 꽃을 싫어하는 여자가 얼마나 있을까? 그런데 그 장면을 같이 보던 언니들은 하나같이 말했다.

"중요한 건 카드지! 카드는 B가 쓴 거 아니야?"

그 말이 끝나고 곧이어 이어지는 꽃다발이 쓰레기통에 들어가는 모습은 나에게 신선하게 다가왔다. 지금에 와서 생각해보면 흔하디흔한 이야기였는데 그때는 왜 그렇게 인상적이었는지 모르겠다.

이 드라마에서도 알 수 있듯이 우리에게 중요한 것은 꽃이 아니다. 선물이 아무리 아름답고 명품이라 할지라도 사람의 마음을 여는 것은 결국 진심이다. 그리고 그 진심을 담은 따뜻한 말 또는 글이 닫혀 있던 마음의 문을 활짝 열게 만든다.

"심근경색으로 중환자실에 계신 아버지의 병원비 때문에 어려움을 겪고 있습니다."

페이스북과 트위터 등에 이런 글이 올라왔다. 그리고 1천 원씩만 도움을 부탁한다는 내용과 함께 계좌번호가 함께 게재되었다. 이 글을 본 사람들은 리트윗과 공유 등으로 자신의 지인들에게 알리기 시작했고 단 이틀 만에 1,793만 896원이 입금되는 기적 같은 일이 벌어졌다.

물론 글을 본 사람 중에서 거짓이 아니냐며 의심의 눈길을 주는 이들도 있었지만 엄청난 액수의 금액을 보면 알 수 있듯이 대부분의 사람들은 글을 쓴 사람의 말이 진심이라고 생각했다.

이 글을 쓴 사람은 부산을 중심으로 활동하는 힙합 뮤지션 스케리피였다. 스케리피는 희귀성 난치병인 듀센형 근이영양증이라는 병을 앓고 있었다. 그래서 말하고 목을 움직이는 것 외에 컴퓨터의 마우스를 간신히 움직일 수 있을 정도의 손목 동작만 가능한 사람이었다. 페이스북과 트위터 등에 올린 글도 그가 말을 하고 함께 음악을 하는 동생이 대신 올려주었다고 한다.

그를 도와주기 위해 천 원을 입금한 사람들은 형편이 넉넉지 않은 언더그라운드 뮤지션들과 학생들이었다. 그리고 그를 알지도 못하는 사람들도 있었다. 그래서 스케리피는 SNS를 통해 감사한 마음을 전하며 아버지의 경과를 실시간으로 게재했다.

정말 기적 같은 일이다. 천 원이 모여 천만 원이 넘는 금액을 만들어냈다는 것은 기적이라는 표현 외에는 사용할 수 있는 말이 없다. 이런 일이 생길 수 있었던 것은 무엇일까?

아버지를 살리고자 하는 아들의 진심이 사람들의 마음에 닿았기 때문이다. 그는 자신이 글을 올릴 수 없는 상황에서 동생에게 부탁을 했고 그 말을 그대로 듣고 게재를 한 것이었다. 사람들은 어려운 환경 속에서 아버지를 살리기 위해 도움을 요청하는 손길을 따뜻하게 잡아준 것이다.

게다가 혼자서 돈만 보내고 끝나는 것이 아니라 그 글을 다른 사람들도 볼 수 있도록 공유와 리트윗을 함으로써 더 많은 사람들이 스케리피에게 도움의 손길을 보낼 수 있도록 힘을 실어 주었다. 그렇게 적극적으로 그를 도우려는 마음이 없었다면 절대 불가능한 일이었다.

이렇게 진심을 담은 따뜻한 한마디의 힘은 위대하다고 할 수 있다. 어떤 이들의 예상처럼 그가 사람들의 마음을 이용하려는 거짓이 담겨 있었다면 이렇게 큰 기적은 일어나지 않았을 것이다.

사람은 누구나 진실한 사람을 좋아한다. 처음 스케리피의 글을 본 사람들은 그가 얼마나 힘든 상황인지 이미 알고 있었다. 그리고 그가 희귀 난치병을 앓고 있다는 사실도 알고 있었을 수 있다. 그렇기 때문에 그의 진심을 의심하지 않았을 것이다. 하지만 그를 알지 못한 채 오로지 그가 쓴 몇 글자의 글만 보고 돈을 입금해 준 사람들도 있다. 그들은 그 짧은 한마디 속에서 아버지를 살려야 한다는 간절함을 느꼈던 것이다.

이렇게 진심을 담으면 통하지 않을 일은 없다. 사람들은 거창하고 장황한 말을 듣고 마음의 문을 여는 것이 아니다. 오히려 더 꽁꽁 자물쇠를 채워버리고는 한다. 세상에서 가장 어려운 것 중의 하나가 사람의 마음을 여는 것이다. 우리는 이미 이렇게 하면 그들의 마음을 열 수 있는지 알고 있으면서도 그것을 실천하지 못하는 경우가 많다.

상대의 마음을 열기에 가장 좋은 것은 솔직함이다. 그리고 그 솔직함을 표현할 수 있는 따뜻한 말 한마디면 충분하다. 아버지를 살리겠다는 따뜻한 사랑을 솔직하고 간절하게 표현함으로써 많은 사람들의 도움의 손길을 받았던 스케리피처럼 우리도 우리의 솔직한 마음을 담아 곁에 있는 사람들에게 전달해 보면 어떨까 한다. 그러면 그들의 마음은 우리에게 더 활짝 오픈될 것이다.

03 | 상대의 감정을 느끼며 대화해라

비록 내가 눈이 나쁘지만 그렇다고 시력이 나쁘거나 앞이 보이지 않는 지인이 주변에 많은 것은 아니다. 특수학교를 다니지 않았기 때문에 나처럼 시력이 나쁜 사람들과 어울릴 일이 없었던 것이다. 그러다 사회에 나와 동생 한 명을 알게 되었다. 맹학교 출신이었지만 대학교는 앞을 잘 보는 평범한 친구들과 생활하면서 꿋꿋하게 자신의 꿈을 향해 걸어가는 아이였다.

늘 씩씩하고 밝은 아이여서 불평을 할 때도 귀엽다는 생각이 먼저 드는 아이인데 어느 날 딱딱하게 굳은 얼굴로 걸어오는 것이 보였다.

"무슨 일 있었어요?"

"네. 제가 지하철을 타려고 서 있는데 뒤에 있던 할머니랑 할아버지가 하는 얘기가 다 들리는 거예요."

얘기인즉 지하철을 타려고 흰 지팡이를 가지고 서 있는데 뒤에서 그 모습을 지켜보던 할머니가 이렇게 말했다고 한다.

"젊은 사람이 참 안됐어. 우리는 늙었어도 이렇게 볼 수 있는 게 다행이에요."

"그러게. 젊은 사람이 딱하게 됐네. 많이 불편하겠어. 우리는 감사하면서 살아야 한다니까."

그 말을 듣고 난 할 말을 잃었다. 대화의 내용이 잘못된 것은 아니다. 하지만 앞이 보이지 않아도 씩씩하게 잘 살아가고 있는 동생에게 나이 지긋하신 어른이 할 이야기는 아닌 것 같았다. 동생이 없는 곳에서 두 분이 나누시는 대화였다면 아무런 문제가 없었겠지만 버젓이 앞에 사람이 서 있는데 그런 이야기를 한다는 것은 상대에 대한 배려가 없었다고밖에 할 수가 없다. 자신들의 말을 들었을 때 상대가 어떤 기분을 느낄지에 대해서 전혀 생각을 하지 않았기에 이런 말을 아무렇지 않게 큰 소리로 나눌 수 있었던 것이 아닌가 싶다.

동생은 그렇지 않아도 기분 나쁜 일이 있어서 마음이 착잡했는데 그 말까지 듣자 갑자기 화가 났다고 했다. 그래서 할머니와 할아버지에게 자신은 시각장애인이지 청각장애인이 아니라고 한마디 하려는 순간 지하철이 들어와 아무 말도 하지 못한 것이 못내 아쉬웠다고 했다.

우리 주변에는 할머니와 할아버지 같은 사람이 은근히 많다. 자신들은 지금 느낀 기분을 솔직하게 이야기한 것인지 모르지만 듣는 사람은 그 한마디로 상처를 받을 수 있다. 아무리 모르는 사람에 대해서 이야기를 하는 것이라 할지라도 듣는 사람의 감정을 생각하지 않고 말을 하게 되면 결국 누군가의 마음을 다치게 할 수도 있다는 것을 우리는 기억해야 한다.

지금은 지방 이전으로 강원도로 본사를 옮긴 한 공기업에서 계약직 직원으로 근무할 때의 일이다. 우리는 한 팀 안에 여러 파트로 나뉘어져 일을 하고 있었다. 우리 파트에서 계약직 직원은 나 한 명이었기 때문에 나는 같은 팀의 다른 파트 직원을 소개받게 되었다. 나보다 일주일 먼저 들어온 사람이었고 나이도 두 살 정도 더 많았던 것으로 기억난다.

나는 그 사람과 처음 인사를 나눌 때 굉장히 수줍음이 많은 사람이라고 생각했다. 그래서 내가 먼저 다가가야 할 것 같다는 마음을 가지게 되었다. 나쁜 사람 같지 않아 보였고 순한 인상이 마음에 들었다.

그러던 어느 날, 내가 그 사람을 다시 보게 되는 결정적 사건이 일어났다. 나는 그 사건으로 그와의 대화를 최대한 줄이고 부딪칠 수 있는 일을 되도록 만들지 않게 되었던 것 같다.

그날도 평소와 다름없는 평범한 아침이었다. 나는 메신저로 간단한 아침 인사를 하고 내 업무를 시작했다. 그러다 문득 컴퓨터 모니터의 하단을 보니 대화창이 깜박거리는 것이 보였다.

그 : 어제 퇴근하고 뭐 하셨어요?

나 : 퇴근하고 조카랑 놀았어요.

그 : 조카는 언제 집에 가요? 오래 있네요.

나 : 아직은 갈 계획 없어요. 온 가족이 조카 볼 마음에 집에 일찍 오는 걸요.

그 : 어제 어디 들르시는 것 같던데 어디 가셨던 거예요?

나는 순간 뭘 이렇게 알고 싶은 것이 많은가 하는 생각이 들었다. 내가 퇴근하고 뭘 했는지에 대해서 직장 동료에게 이야기할 이유는 없었다. 그래도 질문을 하니 답을 했던 것뿐이다. 그런데 내 조카가 언제 집에 갈지에 대해서까지 물어 왔을 때 나는 기분이 썩 유쾌하지 않았다. 그것은 어디까지나 우리 집 일이었고 그 당시 나는 조카가 없는 집은 상상할 수도 없었기 때문에 더 그랬던 것 같다.

더욱이 우리 팀에서 내가 조카와 같이 산다는 것을 모르는 사람이 없었을 정도로 나는 조카를 짝사랑하는 이모로 유명했다. 빨리 결혼해서 아이를 낳아야 한다고 말하는 사람도 있었고 그렇게 정 줘도 결국은 엄마를 선택하니 너무 사랑하지 말라고 조언하는 이들도 있었다. 그런 나에게 그가 한 마지막 한마디는 기분 좋은 아침을 엉망으로 만들기에 충분했다.

나 : 어제 조카 주려고 빵 사러 갔었어요.
그 : 조카는 매일 저녁 그런 걸 바라고 있을 거예요. 이모들이 사오는 간식과 장난감이오. 그걸 기다리고 있을 거예요.

분명 그는 별다른 생각 없이 한 말이었을 것이다. 그 순간 떠오른 것을 있는 그대로 나에게 말한 것뿐이었으리라. 하지만 그 글을 읽는 나는 마치 갑작스럽게 찬물을 뒤집어 쓴 것처럼 멍해지면서 할 말을 잃었다. 그러고 나서 곧 짜증이 밀려오기 시작하는 것을 느꼈다.

아직 세상에 대해서 잘 알지도 못하고 하루 종일 엄마와 둘이 있다가 이모들이 한 명씩 집에 도착하면 좋아서 어쩔 줄을 몰라 하는 어린아이에게 너무 심한 말을 하는 것이 아닌가 싶었다. 단 한 번도 우리 아이를 만나본 적도 없는 사람이 그런 말을 하자 나는 짜증을 넘어 화가 나기 시작했다. 그래서 나는 우리 아이 그렇게 못되지 않았다는 한마디를 남기고 대화창을 닫아 버렸다. 더 이상 그 사람과 한마디도 이야기를 하고 싶지 않았던 것이다.

그 이후로 몇 장의 쪽지가 더 왔지만 나는 그것에 대해서 답변을 해주지 않았던 것 같다. 그것에 답을 해주다 보면 감정싸움밖에 되지 않을 것 같았다. 일단은 내 마음을 먼저 가라앉힌 후에 이성을 되찾을 필요가 있었다.

나는 어느 순간에서든 솔직하게 말해야 한다고 생각한다. 그리고 그 마음을 표현할 수 있는 적절한 단어를 선택하는 것이 매우 중요하다고 여긴다. 그가 나에게 하고 싶은 말이 무엇이었는지 사실 나는 잘 모르겠다. 갖고 싶다는 생각을 하기도 전에 이모들이 자신의 욕심에 의해 조카에게 주는 선물이 과하다고 생각했던 것일지도 모른다. 하지만 그것은 어디까지나 자신의 생각일 뿐이다. 그것을 나에게 말하고 싶었다면 그는 내 감정을 먼저 생각했어야 했다.

우리 집안에 찾아온 첫 아이였고 나에게는 그렇게 무섭다는 첫 정의 주인공이었다. 그렇기에 내 생활의 중심은 언제나 조카였다. 아침에 출근할 때면 같이 놀아주지 못하는 것에 미안해하면서 출근을 했던 나에게 그가 했던 말은 정말 충격적이었다.

나는 그 사건 이후로 그와의 거리를 어느 정도 유지하면서 회사 생활을 했다. 똑같이 조카를 키우는 이모의 입장이었고 하물며 나보다 더 어린 조카가 있는 사람이 나에게 그런 말을 했던 것을 난 이해하고 싶지 않았다. 그런 것을 이해하는 일에 내 에너지를 쏟고 싶지 않았다. 그리고 그는 결국 듣는 사람의 감정을 전혀 배려하지 않았기 때문에 자신에게 호의적인 태도를 보이고 있었던 한 동료의 마음을 닫히게 만들었다.

우리는 말을 할 때 내가 하는 말로 인해서 상대가 어떤 감정이 들지에 대한 생각을 해야만 한다. 그것은 대화를 할 때 서로가 서로에게 베풀어야 하는 최소한의 배려이다. 대화는 단순하게 말을 전달하는 것이 아니라 서로의 마음을 주고받는 것이다. 그 말은 곧 서로의 감정을 공유하는 과정이라고 할 수 있다. 그런데 듣는 사람의 마음이나 감정은 안중에 없이 자신이 하고 싶은 이야기만 한다면 그것은 좋은 대화라고 할 수는 없을 것 같다. 오히려 일방적인 말하기에 가깝다.

사람들은 누구나 자신의 마음을 이해해주는 사람과 대화를 하고 싶다. 자신의 감정을 상하게 만드는 사람과 지속적인 관계를 유지하고 싶은 사람은 아무도 없다. 너무 당연한 것이기에 때로는 잊어버리기도 하는 것 중의 하나가 바로 이것인 것 같다.

그래서 우리는 너무나 당연한 상대의 감정을 먼저 느끼는 것에 대해서 생각해 보아야만 한다. 내 말을 들었을 때 앞에 앉은 사람이 어떤 생각을 할지에 대해 먼저 느끼며 대화를 한다면 상대는 우리에게 닫혀 있던 마음의 문을 활짝 열어줄 것이다.

사람들과 이야기를 하다 보면 몇 마디 나누지 않았는데 그 자리를 떠나고 싶은 사람이 있고 듣기 거북한 소리를 하는데도 계속 그의 말을 듣고 싶은 사람이 있다. 듣기에 불편한 말이라 해도 어떤 의미가 있기에 그런 말을 하는 것이라 생각되는 사람들과 이야기를 나누는 것이 좋다. 그 순간은 생각이 많아지지만 시간이 지난 뒤에 그 수많은 생각들이 결국 나에게 답을 주기 때문이다.

벌써 5년 전의 일이다. 엄마의 학교 동창이라는 아저씨가 집에 찾아온 적이 있었다. 하얀 머리에 장발을 하고 있는 독특한 모습이어서 내가 '도사 아저씨'라고 별명을 붙여 부르기도 했다.

"현아야, 너 도사 아저씨 기억나지? 아저씨가 사무실 직원을 구한다는데 너 어때?"

그때 나는 집에서 빈둥거리는 백조였기 때문에 한번쯤 생각해 볼

만 한 제안이라고 생각했다. 게다가 아는 것도 무척 많은 아저씨였고 성품도 나쁜 사람 같아 보이지 않았다. 무엇보다 내가 마음에 들었던 것은 일하는 장소였다. 유아들을 위한 책을 판매하는 분이었기 때문에 가면 책이 무척 많을 것이라는 생각에 나는 가보겠다고 말했다.

그리고 거기서 한 달간 일을 한 후 바로 그만두었다. 그 일을 겪고 내가 깨달은 것은 절대 지인의 소개를 받고 직장을 선택해서는 안 된다는 사실이었다. 나는 그 아저씨가 성품이 좋았던 것이 아니라 오지랖이 넓은 사람이었음을 그때 절실하게 깨달았다. 게다가 다른 사람의 말은 듣지 않고 자신의 의견만 이야기하며 혼자서 옳다고 생각하는 사람이라는 것 또한 그때 알았다.

한 번은 사무실에 뚱뚱하고 무섭게 생긴 손님이 왔었다. 아저씨는 그분이 자신에게 침을 가르쳐 준 사람이라며 나에게 안으로 들어가 침을 맞아보라고 했다. 내가 여러 차례 거절을 했지만 소용이 없었다. 그는 나를 위한 것이라 생각했을지 모르지만 난 그날 진심으로 화가 났다.

아침 9시 30분까지 출근해서 7시 30분에 끝나고 토요일이면 격주로 출근하는 근무 조건에서 나에게 주는 월급이 많다는 이야기를 자신의 아들과 아무렇지 않게 나누는 아내에게는 한마디 말도 못 하면서 아내와 아들이 있는 자리에서는 그는 말했다.

"내가 현아 양에 대해서 생각해 봤는데 현아 양이 할 수 있는 일은 세 가지밖에 없는 것 같아요. 작가나 연구원이나 상담하는 일. 그래서 말인데 우리가 전화로 책을 파는 곳이 있거든요. 그곳에서 일해

보는 건 어때요?"

내가 더 화가 났던 것은 나에게 이 말을 하기 전 엄마에게 전화를 걸어 나에 대한 이야기를 할 것이 있으니 만나자고 했다는 것이었다. 나는 나올 때 진심으로 화를 내고 싶었다. 특히 만나자마자 이별이라며 아쉬워하는 그의 아내에게 월급 많이 준다며 내보내고 싶어 할 때는 언제고 그런 소리 하냐고, 입에 침이나 바르라고 말하고 싶었다.

그런데 나는 한 마디도 할 수가 없었다. 엄마의 친구라는 이유 하나 때문에 그 어떠한 말도 할 수가 없었다. 내가 지하철까지지 걸어오면서 분한 마음에 얼마나 울었는지 지금도 생생하게 기억난다.

그는 자신이 나를 위한다고 생각했을 것이다. 그리고 도움을 주기 위해 노력하고 있다고 여겼을 것이다. 하지만 그는 전혀 나를 위하는 것이 아니었다. 말로만 하는 응원과 조언은 누구나 할 수 있다. 중요한 것은 그에게서 진심이 느껴지지 않았다는 것이다. 그는 자신이 좋은 사람이라고 생각했기 때문에 나에게 오지랖 넓게 행동했던 것이다.

누군가에게 조언을 하거나 응원의 메시지를 보낼 때 가장 중요한 것은 가슴에서 우러나와야 한다는 것이다. 정말 상대를 끌어안아 주는 따뜻한 느낌으로 이야기를 할 때 그 마음이 제대로 전달될 수 있다. 말로만 하는 조언과 응원은 누구나 할 수 있다. 하지만 그런 것들은 큰 힘을 발휘하지 못한다.

내가 작가가 되겠다는 부푼 꿈을 안고 책 쓰기 수업을 처음 시작했던 때가 떠오른다. 그때는 모든 것이 어색하고 새로워 정신을 차릴 수가 없었다. 새로운 것에 민감한 나로서는 곁에 있는 사람들에게 관심을 가질 여력이 없었다. 조금이라도 빨리 이 상황에 익숙해져야 한다는 생각 하나만으로 나는 힘들었다.

그 와중에 한 중년의 남성이 눈에 들어왔다. 자신을 소개하는 자리에서 처음 만나는 사람들 앞인데도 여유가 느껴지는 분이었다. 하고 싶은 이야기를 마치 정리해 놓은 원고를 읽듯 깔끔하게 말하는 크고 당당한 음성에 저절로 귀가 기울여졌다.

그리고 부러웠다. 나는 늘 당당하고 자신감 있어 보이고 싶지만 어딘지 모르게 주눅 들어 있는 것 같은 모습인데 그분은 그런 것이 전혀 보이지 않았다. 닮고 싶었다. 그분처럼 사람들 앞에서 나 자신을 당당하게 내보이고 싶었다. 언젠가 나이가 들어 내가 중년이 되었을 때 나도 누군가에게 저런 모습으로 보이고 싶다는 생각까지 들었다.

하지만 시간이 흐르면서 부러웠던 마음은 점점 부담감으로 바뀌기 시작했다. 무슨 이유에서인지 그분이 나에게 과한 응원을 해준다는 느낌이 들었던 것이다. '파이팅~', '열렬히 응원합니다!', '대단하세요.'와 같은 흔한 한마디가 어느 순간 응원처럼 느껴지지 않았다.

수업 시간에 몇 마디 이야기를 나눌 때도 처음에는 어른들이 해주는 흔한 충고 정도로만 생각했다. 그런데 그 말을 하는 분위기 속에서 다른 어른들과는 조금 차이가 있다는 것을 알았다. 그러면서 나도 그분에게 조금씩 관심이 생기기 시작했다.

사람들이 살아가면서 한두 번 겪었을 법한 대형 교통사고를 수차

레 겪으며 꿈 하나를 위해 노력한 분이었다. 꿈을 꾸었으나 현실의 장벽에 부딪혀야 했던 쓰라린 아픔이 있는 분이라는 것을 알았을 때 나는 그 알 수 없었던 느낌이 무엇인지 깨달았다.

그것은 진심이었다. 정말 가슴에서 우러나오는 따뜻한 응원이었다. 작가라는 꿈을 초등학교 5학년 시절부터 16년을 꾼 나였다. 그리고 옆길로 새보기도 하고 포기 아닌 포기를 했다가 미련이 남아 다시 꿈을 좇으며 나는 지금 이곳까지 왔다. 게다가 다른 사람들은 가지고 있지 않은 좋지 못한 시력이라는 한계까지 가지고 있다.

그분은 젊은 시절의 스스로를 응원하듯 그렇게 나를 응원해주고 싶었던 것이 아닌가 싶다. 그래서 '파이팅~'이라는 한 마디 속에서도 다른 사람들에게선 느껴지지 않았던 묘한 힘이 있었던 것 같다. 같은 꿈이 아니기에 같은 길은 아니었지만 목표를 가지고 진정 하고 싶은 일을 찾아간 선배로서 내가 그 길을 잘 갈 수 있기를 바라고 계셨던 것 같다.

처음에는 어른들이 하는 오지랖 넓은 정도로 생각했던 것이 사실이다. 하지만 시간이 흐르면서 나를 진심으로 배려해 준다는 느낌과 무심하게 던지는 한마디 속에 나에 대한 관심이 느껴졌다. 그래서 나도 더 솔직해질 수 있었던 것 같다. 먼저 험한 세상을 걸어 온 선배로서 아니면 아니다, 맞으면 맞다고, 있는 그대로 이야기해 줄 것이라는 믿음이 있었기 때문에 가능한 행동이었다.

지금은 서로의 책에 대해 편안하게 이야기를 할 수 있고 앞으로의 꿈에 대해 진심 어린 응원을 나누고 있다. 나는 그분의 이야기가 빨리 세상 밖으로 나왔으면 한다. 그래서 그분의 그런 따뜻한 마음이 나와 같이 아직 험한 세상을 걸어가야 하는 사람들에게 희망의 나침반이 되어주기를 바란다.

사람들과 대화를 할 때 어떤 사람은 말로만 이야기를 한다. 처음에는 좋은 언변으로 사람들의 흥미를 얻을 수 있을지 모르지만 얼마 지나지 않아 그들은 자신의 귀를 닫아 버린다.

대화는 말로만 하는 것이 아니다. 서로 말이라는 방법으로 마음을 주고받는 것이다. 그렇기에 당연히 가슴에서 우러나오는 말을 해야만 한다. 우리는 말이라는 방법을 사용하여 상대의 가슴에 우리의 진심이 닿을 수 있도록 해야 하는 것이다.

단 한 마디를 들어도 마음이 따뜻해지는 사람이 있다. 단 1분을 이야기해도 기분이 좋아지는 사람이 있다. 그것은 나를 진심으로 위해주는 상대의 마음이 말이라는 방법으로 내 가슴에 와 닿았기 때문이다. 이제는 많은 말을 하기보다 진심을 담은 한마디를 하는 것은 어떨까. 지금 현재 상대에게 필요한 것이 무엇인지, 그리고 그것을 가져다줄 수는 없지만 도움이 되기를 바라는 마음을 담아보기 바란다. 그렇게만 해도 사람들은 우리의 말에 마음이 따뜻해지고 포근해지는 기분을 갖게 될 것이다.

말 한 마디가 기회를 만든다

둘째 언니의 결혼을 앞두고 나는 마음이 부풀어 있었다. 결혼식에 입고 갈 예복으로 언니가 어떤 옷을 사줄지 기대가 되었기 때문이다. 자신을 돋보이도록 꾸밀 줄 아는 사람이었고 언니가 골라 준 옷을 입고 외출하면 어김없이 사람들의 시선이 나를 향했다. 그렇기에 나는 언니가 어떤 옷을 골라줄지 몹시 궁금했다.

한참 회사에서 일을 하고 있을 때 핸드폰 진동이 울리기 시작했다. 확인해 보니 언니가 몇 벌의 옷을 사진으로 찍어 메시지로 전송해 준 것이었다. 그중에서 마음에 드는 하나를 고르라고 했다. 나는 사진을 뚫어지게 보면서도 어떤 옷을 선택해야 할지 알 수가 없었다. 내 눈에는 모두 예뻐 보였던 것이다. 나는 잠시 고민을 하다가 언니에게 답장을 보냈다.

"나는 첫 번째랑 세 번째가 예쁜데 둘 중에 뭘 골라야 할지 모르겠어. 둘 다 마음에 쏙 드네."

이렇게 답장을 하고서 나는 다시 업무를 시작했다. 지금도 그렇기는 하지만 그때는 나에게 어울리는 옷이 어떤 것인지 전혀 감을 잡지 못하는 사람이었다. 내가 나름대로 신경을 써서 옷을 입고 나가면 언니들은 다시 나를 방으로 끌고 갔다. 그리고 다시 코디를 해주었을 정도로 나는 패션 감각이 없는 사람이다.

내 조화롭지 못한 패션 스타일을 잘 알고 있는 언니이기에 나 대신 선택해 줄 수 있을 것이라는 희망을 안고 나는 언니에게 선택권을 넘겼다. 그리고 언니는 이렇게 말했다.

"그래? 그러면 너는 특별히 내가 두 벌 해줄게."

그날 언니에게 좋은 일이 있었던 것일까? 언니는 정말로 두 벌의 원피스를 사주었고 나는 예복을 두 벌이나 받는 행운을 잡았다. 생각지도 않았던 옷 한 벌이 알아서 나에게 찾아오는 기분 좋은 날이었다.

언니는 왜 나에게 옷을 두 벌이나 사줬을까? 그것은 내가 했던 말 때문이었다. 두 벌 다 마음에 쏙 든다는 그 말이 언니를 기분 좋게 만들어 주었고 그 덕에 나는 원피스 두 장을 갖게 되었다.

우리는 종종 누군가가 선물을 주기 위해 보라고 하면 스커트의 기장이 짧고, 디자인이 너무 단순하며 자신과 어울리지 않는 것 같다는 등의 말을 할 때가 있다. 이렇게 말하면 듣는 사람은 어떨까? 기껏 선물을 할 마음으로 열심히 찾았는데 기분이 좋지는 않을 것이다. 어떤 사람이든 자신이 골라준 것을 마음에 들어 하는 기색이 있을 때 하나라도 더 챙겨주고 싶어진다.

내 경우가 그런 상황이었다. 언니가 골라준 것에 아무런 트집을 잡지 않고 두 벌이 마음에 들어 고민이 된다고 하자 기분이 좋아졌던 것이다. 그래서 나는 말 한마디 잘해서 두 벌의 예복을 받게 되었다.

우리는 하루도 빠짐없이 늘 하는 것이기에 말이라는 것을 쉽게 생각하고는 한다. 하지만 우리가 아무 생각 없이 했던 말 한마디로 나처럼 예상치 않았던 선물을 받기도 하고 어떤 사람은 자신이 하고자 하는 것을 할 수 있는 기회를 얻기도 한다.

롯데스카이힐 부여CC의 김현령 총지배인은 골프장 경영과는 거리가 있는 프로 골퍼 출신이다. 게다가 그는 국내 골프장에서 몇 안 되는 여성 총지배인이기도 하다. 2016년 3월 9일자 파이낸셜 뉴스에서 그는 자신이 어떻게 총지배인이 되었는지에 대한 이야기를 했다.

대학 졸업 후 실업팀에서 선수 생활을 했을 때 그의 종목은 테니스였다. 그러다 나이가 들어 체력 소모가 적은 운동을 찾은 것이 골프다. 2001년 9월 프로 골프 자격을 취득하고 프로 골퍼로 활동하면서 어느 순간부터 새로운 것에 대한 욕심이 생기기 시작했다. 그것이 바로 골프장을 직접 운영해 보고 싶다는 생각이었다.

프로 골퍼로 활동한 지 7년이 되던 해, 그에게 기회가 찾아왔다. 당시 개장을 앞두고 있었던 롯데스카이힐 김해CC에서 골프 전문 인력을 모집하고 있었던 것이다. 그는 지인의 권유로 새로운 기회에 도전했고 보기 좋게 떨어졌다.

전문 인력 채용에서 떨어진 후 그는 그곳에서 개최하는 대회에 출전하게 되었다. 그리고 스스로 기회를 만들어 냈다. 전반 9홀을 마치고 경기를 관람하던 당시 골프장 대표이사를 만났을 때 이렇게 말했던 것이다.

"골프장에 지원했다가 낙방했어요. 다음에 기회가 된다면 다시 한 번 도전해 볼 겁니다."

그 말을 들은 대표이사는 김현령 총지배인에게 연락을 해 함께 일해보자고 했다. 그렇게 그의 골프장 운영에 대한 생각은 현실이 되었다.

처음은 계약직 직원이었다. 코스 컨설팅, 캐디 교육, 고객서비스 강화 업무를 주로 하면서 눈코 뜰 새 없이 바쁜 생활을 했다. 그리고 개장이 임박해 올수록 경기를 병행할 수 없다는 생각이 들었다. 그래서 그는 하반기 투어를 포기했다. 프로 골퍼로서 결정하기 쉽지 않은 일이었다.

그렇게 그는 당초 1년 계약직에서 6개월 만에 정규직이 되었고 고객서비스팀장, 부지배인, 총지배인을 거쳐 현재 롯데스카이힐 부여 CC의 수석의 자리까지 올랐다.

많은 사람들은 한 번 지원했다가 떨어진 회사에는 다시 입사 지원을 하지 않는다. 한 번 떨어진 것으로 그 회사와의 인연은 끝났다고 생각하는 것이 대부분이다. 그런데 김 총지배인은 달랐다. 그녀는 난생처음 보는 대표이사에게 자신이 골프장 지원을 했으나 떨어졌다는 이야기와 기회가 된다면 다시 한 번 지원해보겠다고 말했다. 그리고 그 말이 새로운 기회를 만들어냈다. 그대로 사라져버렸을지도 모르는 기회를 그녀는 스스로 만들어낸 것이다.

대표이사의 입장에서 처음 만난 프로 골퍼의 모습은 새로웠을 것이다. 자신의 실패에 대해 당당하게 말할 수 있고 한 번 더 기회가 된다면 도전해 보겠다는 그녀가 매력적으로 느껴질 수밖에 없다. 그러니 기회를 주고 싶은 마음이 저절로 생겼을 것이다.

우리는 이렇게 말 한마디로 기회를 만들어낼 수 있다. 결국 김현령 총지배인이 기회를 만들 수 있었던 것은 훌륭한 미사여구를 사용한 것도, 고도의 전략을 짠 것도 아니었다. 자신이 일하고 싶은 회사의 대표 이사에게 당당하고 진솔하게 자신의 생각을 표현한 것, 그것이 그녀가 기회를 만들 수 있었던 유일한 방법이었다.

그는 대표이사의 눈에 띄어야 한다는 목적을 가지고 말을 했던 것은 아니었다. 그저 대표이사가 있었고 그에게 자신의 생각을 이야기하고 싶었던 것뿐이다. 그리고 그것을 솔직하게 말함으로써 사라져버린 기회를 다시 자신의 것으로 끌고 왔다.

우리는 우리에게 다가오는 기회를 잡기 위해 언제나 노력한다. 하지만 기회라는 것이 보기 좋게 우리를 스쳐 지나갈 때가 참 많다. 나보다 열심히 한 사람은 없을 것 같고 내가 할 수 있는 최선의 방법을 모두 사용하여 준비했는데 나보다 덜 노력한 사람이 말 몇 마디 잘해서 그것을 가지고 갔을 때 우리는 상처 받고 좌절하게 된다.

그럴 때 우리는 그들이 했던 말을 한번 생각해 보아야 한다. 그들은 명언과 같은 훌륭한 말을 하지 않았다. 나도 할 수 있는 평범한 표현을 사용했을 뿐인데 사람들의 마음은 그들을 향해 활짝 열리고는 한다. 그것은 당당함 때문이다. 그리고 진솔함 때문이다. 그런 모습이 보는 사람으로 하여금 호감을 가지게 만든다. 그래서 함께 무엇인가를 해보고 싶은 마음이 들게 하는 것이다.

우리가 기억해야 할 것은 간단하다. 누구처럼 하는 것이 아니라 나처럼 하면 된다. 내가 하고 싶은 말, 내가 할 수 있는 것을 말할 때 저절로 자신감이 생기고 그 모습은 상대에게 당당하게 비춰진다. 그것이 곧 나 자신만의 매력이 되는 것이다.

나만의 매력을 가진 사람의 한마디는 상대의 마음을 활짝 열리게 만든다. 그리고 그 한마디가 나에게 없었던 기회를 만들어 낸다. 이제부터는 내가 하고 싶은 이야기를 나답게 해보았으면 한다. 그 모습이 상대의 눈에 비추었을 때 사람들은 당신에게 수많은 기회를 가져다 줄 것이다.

06

통화는 대화,
공감만으로 충분하다

"다 늦은 저녁에 너희들은 어디 가니?"

7시가 넘은 시간에 외출을 위해 현관 앞에 서 있는 언니와 나를 보고 엄마가 물었다.

"우리 뮤지컬 보고 올게요. 심야 공연이라 늦게 올 거니까 기다리지 마세요."

언니와 나는 이 말을 남기고 집을 출발했다. 나는 기대에 부풀어 있었다. 한 남성 그룹의 콘서트 영상을 보다가 흥미로운 장면을 보게된 것이다. 노란색 가발을 쓰고 두꺼운 화장으로 여장을 한 남자 배우가 게스트로 나와서 함께 무대를 꾸며주는 모습이었다. 그것을 보는 순간 나는 그 배우가 누구인지 너무 궁금해졌다. 걸어 나오는 자태, 표정, 손짓. 여자인 나보다 더 여성스러운 모습이 신기할 뿐이었다. 그리고 노래를 정말 잘 불러서 주인공인 가수보다 더 사람들의 시선을 사로잡았다.

"저거 뮤지컬 한 장면 아니야? 저거 엄청 유명한 건데."

언제 왔는지 방으로 들어선 언니가 말했다. 나는 그 뮤지컬이 무엇인지 물었고 싫다는 언니를 며칠 동안 졸라 뮤지컬을 보러 가게 되었다. 그리고 영상 속에서 나온 배우의 공연을 보기 위해 심야 공연을 선택했던 것이다.

뮤지컬의 처음 시작은 통일되기 전 독일을 배경으로 하고 있다. 그곳에서 만난 한 사람으로 인해 인생 최대의 사건을 겪고 미국으로 와 살아가는 그는 두꺼운 화장과 노란색 예쁜 가발을 쓰고 짧은 스커트를 입은 채 무대 위에 서 있었다.

이 정도 이야기를 하면 떠오르는 작품이 있는 분들도 있을 것 같다. 바로 존 카메론 미첼이 주연을 했던 '헤드윅'이다. 이 작품은 내가 공연 제작에 참여해보고 싶다는 생각을 가지게 만들었을 정도로 나에게 중요한 작품이 되었다. 20대 초반, 나에게 가장 많은 영향력을 미쳤던 사건이 바로 이 '헤드윅'을 본 것이라 말할 수 있을 정도다.

처음 뮤지컬을 봤을 때는 성전환 수술이라는 소재 자체가 신선했다. 그리고 어딘지 모르게 마음이 짠해졌다. 두 번째, 세 번째 공연을 거듭 보면서 어느 순간 헤드윅이라는 인물의 모습에 눈물을 흘리고 있는 나를 발견했다.

헤드윅은 잘못된 성전환 수술로 인해 남자도 여자도 아닌 삶을 살게 된다. 그러면서 자신을 여자라 규정하고 자신을 사랑해주는 사람을 찾고 싶어 한다. 잘못된 수술로 인한 흉터까지도 사랑해 줄 수 있는 누군가를 찾았다 생각했지만 그는 헤드윅을 떠나고 헤드윅은 두

꺼운 화장과 예쁜 가발, 화려한 옷으로 자신을 똘똘 감싼다.

나는 그 모습이 마치 나를 보고 있는 것 같았다. 시력이 나쁘다는 한계를 가지고 있으면서 그것을 한계라 규정짓고 싶지 않아 발버둥치는 내 모습을 보고 있는 것 같았다. 그래서 사람들 앞에서 당당한 척, 아무렇지 않은 척하는 내가 두꺼운 화장을 한 헤드윅으로 보였던 것이다.

공연을 한창 보고 다닐 때는 이렇게 깊게 생각을 하지 않았던 것 같다. 아니 어쩌면 그조차도 내가 외면한 것일 수도 있다. 하지만 다양한 사람들을 만나고 나 자신에 대한 생각이 깊어지면서 내가 왜 그렇게 그 작품에 집착했는지 알게 되었다. 가발을 벗어 던지고 화려한 옷을 모두 벗은 채 있는 모습 그대로 사람들 앞에 서는 헤드윅처럼 나도 내 가면을 벗고 싶었던 것이다.

나는 이런 것이 공감이 아닌가 한다. 나에게 벌어진 일은 아니지만 어떤 느낌인지 알 수 있고 나에게도 유사한 경험이 있다는 것을 생각하게 되는 것, 그것이 공감이 아닐까 한다. 대화를 할 때 공감을 하느냐 하지 못하느냐는 엄청난 차이가 있다. 공감을 하게 되면 상대의 감정이 어떤 느낌인지 알 것 같으면서 서로 말이 잘 통하게 된다. 하지만 공감을 하지 못하면 사람들과의 대화가 어색해지고 어딘지 모르게 끊어지게 마련이다.

나는 사람들의 심리에 대해 관심이 많다. 어린 시절부터 작가가 되고 싶다는 꿈을 가지고 있었기 때문에 사람들이 어떤 마음으로 살아가는지 늘 궁금했다. 그래서 한 번은 심리 상담 수업을 잠시 들은 적이 있었다.

그때 강의를 왔던 한 강사분이 자신의 동료에 대한 이야기를 들려준 적이 있다. 그의 동료는 심리 상담일을 시작하면서 사람들의 마음이 이해되지 않을 때가 많았다고 한다. 그래서 이야기를 들으면서도 답답함이 늘 있었던 것이다. 그는 자신을 찾아온 사람들의 마음을 이해하기 위해 상담을 하는 내내 이런 식으로 말했다고 한다.

"네. 그러셨군요. 맞아요. 그러셨군요. 아! 그러셨군요. 맞습니다. 그러셨군요."

그래서 동료들 사이에서 '군요.'라는 별명으로 불렸다는 이야기를 들었을 때 나는 웃음이 흘러나왔다. 그리고 웃음이 잦아들 때쯤 그 상담사가 엄청난 노력을 하고 있었다는 것을 알았다. 내원자들의 마음을 함께 느끼기 위해 나름대로 최선을 다하고 있었던 것이다.

사람들과 이야기를 할 때 공감할 수 있어야 한다는 것은 상담뿐 아니라 우리가 일상에서 대화를 할 때도 매우 중요하다. 상대가 하는 말을 통해서 우리는 앞에 앉은 사람이 어떤 기분이었을지 알게 되고 내가 지난날 했었던 유사한 경험을 함께 공유할 수 있게 된다. 공감을 한다는 것은 두 사람의 감정이 서로 통하면서 대화가 풍성해진다는 것을 의미한다.

하지만 공감할 수 없는 대화는 함께 이야기를 나누는 시간이 정말 길게 느껴진다. 조금이라도 빨리 이 시간이 끝나기를 바라게 되는 것이다. 귀로는 말을 듣고 있으면서 머릿속은 다른 생각으로 가득 차게 되어 마치 시간 낭비를 한 것처럼 느껴질 때도 있다.

초등학교 시절, 내가 가장 싫어했던 요일은 월요일이었다. 월요일이면 1학년부터 6학년까지 운동장에 줄을 서서 아침 조회를 했다. 그러면 앞으로나란히를 몇 번씩 하며 줄을 맞추는데 10여 분이 걸렸다. 봄과 가을은 그나마 바람이 좋아 괜찮다. 여름은 덥고 땀나고 끈적거리고 겨울은 추워서 손이 얼 것 같은데 교장 선생님의 조회 말씀이 시작된다. 교장 선생님은 무슨 할 말이 그렇게 많은지 한 번 마이크를 들면 기본 10분쯤 이야기를 하는 것 같다. 그런데 중요한 것은 듣고 난 다음에 기억나는 말이 하나도 없다.

이런 경험을 나만 하지는 않았을 것 같다. 교장 선생님은 철저하게 자신의 입장에서만 이야기를 한다. 학생들이 무엇에 관심이 있고 무엇을 원하는지에 대해서는 전혀 이야기를 하지 않았다. 그러다 보니 아침 조회는 지루하고 재미없는 이야기를 들어야만 하는 곤혹스런 시간이 되고 마는 것이다.

아이들이 무엇을 좋아하고 어떤 것이 유행하는지에 대해서 조금만 관심을 가지고 이야기했다면 교장 선생님의 이야기는 아이들과 통하는 대화가 될 수도 있었다. 좋아하는 TV 프로그램 하나에 대해서만 이야기를 해도 귀를 기울여 듣게 되었을 것이기 때문이다. 하지만 학생들이 공감할 수 있는 요소 없이 하고 싶은 이야기를 쭉 늘어놓다 보니 결국 듣는 사람이 없는 연설을 하게 되는 것이다.

대화는 말하는 사람과 듣는 사람이 서로 통해야 한다. 진짜 대화를 한다는 것은 말하는 사람과 듣는 사람이 서로 감정을 주고받으며 공감할 수 있어야 하기 때문이다. 말은 길이라고 할 수 있다. 서로의 감정이 오고 갈 수 있도록 말이 다리를 놓아 길을 만들어주는 것이다.

그런데 우리는 정작 중요한 공감하는 것에는 관심이 없고 말을 전달하는 것 자체에 치중하여 대화를 하는 경우가 많다. 그런 대화는 통하는 대화라고 할 수 없다. 서로 이해하려는 마음 없이 하는 대화는 정보 전달의 기능밖에 할 수 없기 때문이다.

사람들과 진짜 대화를 하고 싶다면 상대와 마음이 통할 수 있어야 한다. 그러기 위해서 말이라는 다리를 잘 놓아야 하는 것이다. 앞에 앉은 사람이 어떤 기분일지, 나라면 어떤 생각이 들지에 대한 느낌이 없다면 그것은 통하는 대화라고 할 수 없다. 사람들과 진심 어린 대화를 하기 위해서는 상대와 공감하려는 노력 그 하나면 충분하다. 그렇게 조금씩 사람들에게 다가간다면 그들도 당신의 마음을 느끼고 당신에게 한 걸음 다가와 줄 것이다.

07

열정과 간절함이
상대의 행동을 이끈다

2015년 여름 대한민국을 정말 뜨겁게 달군 세 글자가 있었다. 우리나라에서는 너무나 생소했던 중동호흡기증후군 메르스이다. 메르스는 공기 중에 바이러스가 전염되는 질병이어서 같은 공간에 있었다는 것만으로 격리 대상자가 될 정도였다. 당시 나도 전시를 진행하고 있어서 많은 사람들을 만나야 했던 터라 겉으로 표현을 할 수는 없었지만 많이 걱정했던 기억이 난다. 밤마다 비타민제를 꼬박 꼬박 챙겨 먹으며 이것으로 예방이 될 것이라고 스스로를 안심시키고는 했었다.

메르스의 여파는 바이러스에 감염되어 몸이 아프고 생명의 위협을 느끼는 것으로 끝나지 않았다. 메르스 확진 판정을 받았던 사람들, 치료를 했던 의료진들, 격리 대상자들에게 마음의 상처도 크게 남겼다. 메르스가 걸렸나는 이유 하나만으로, 격리 대상자가 되었었다는 것 때문에 주변 사람들의 시선이 변한 것을 느껴야 했던 것이다.

자신을 예전과 다르게 메르스 그 자체로 바라보는 시선으로 몸이 아팠던 것보다 마음이 더 고통스러웠던 사람들이 많았다. 심지어 메르스가 발병했던 병원의 의료진들의 경우 가족들까지 그 피해 대상자가 되어야만 했다.

그런 와중에 한 언론사에 편지 한 통이 도착했다. 메르스의 첫 번째 사망자가 나왔던 한림대 동탄성심병원 중환자실에서 근무하는 김현아 간호사의 편지였다. 그녀는 편지에 자신의 마음을 진솔하게 담아냈다.

저는 전국을 뒤흔들고 있는 메르스라는 질병의 첫 사망자가 나온 한림대 동탄성심병원 중환자실 간호사입니다.

제 옆에 있던 환자도, 돌보는 저 자신도 몰랐습니다. 좋아질 거라는 희망을 가지고 매일 가래를 뽑고 양치를 시키던 환자는 황망히 세상을 떠났고, 나중에야 그 환자와 저를 갈라놓은 게 생전 들어보지도 못한 이름의 병이라는 걸 알았습니다. 심폐소생술 중 검체가 채취됐고, 그녀는 사망 후에도 한동안 중환자실에 머물러야만 했습니다. 그녀를 격리실 창 너머로 바라보며 저는 한없이 사죄해야 했습니다. 의료인이면서도 미리 알지 못해 죄송합니다. 더 따스하게 돌보지 못해 죄송합니다. 낫게 해드리지 못해 죄송합니다.…… (중략)

스스로에게 묻습니다. 그래도 이 직업을 사랑하느냐고. 순간, 그동안 나를 바라보던 간절한 눈빛들이 지나갑니다. 어느 모임에선가 내 직업을 자랑스럽게 말하던 내 모습이 스쳐갑니다. 가겠습니다. 지금껏 그래왔듯 서 있는 제 자리를 지키겠습니다. 최선을 다해 메르스가 내 환자에게 다가오지 못하도록 맨 머리를 들이밀고 싸우겠습니다. 더 악착같이, 더 처절하게 저승사자를 물고 늘어지겠습니다. 저희들도 사람입니다. 다른 격리자들처럼 조용히 집에 있고 싶다는 생각도 듭니다. 병이 무섭기도 합니다. 하지만 저희들의 손길을 기다리는 환자들이 있기에 병원을 지키고 있습니다. 고생을 알아달라고 하는 것은 아닙니다. 병원에 갇힌 채 어쩔 수 없이 간호하고 있다고 생각하지 말아달라는 게 저희들의 바람입니다. 차가운 시선과 꺼리는 몸짓 대신 힘주고 서 있는 두 발이 두려움에 뒷걸음치는 일이 없도록 용기를 불어넣어 주세요.

〈2015년 6월 10일 중앙일보에 보내 온 김현아 간호사의 편지 중에서〉

편지에는 병원과 집을 오갈 때 아무와도 마주치지 않도록 숨어서 출, 퇴근을 한다는 내용과 식사조차 자동문 사이로 배달되는 도시락을 통해 해결한다는 내용이 담겨 있다. 이 편지는 당시 의료진에게 향해 있었던 국민들의 원망스런 눈길을 격려로 바뀌게 만들었다. 환자를 살리겠다는 그녀의 간절함이 사람들의 마음을 움직인 것이다. 사람들은 이 편지를 자신의 SNS에 올리며 다른 사람들에게 빠르게 알렸다.

진심이 담긴 간절함은 메르스와 같은 전염병보다 더 빠르게 사람들에게 전해진다. 그것은 상대에게 전달되는 순간 닫혀 있던 마음을 활짝 열게 만들고 스스로 할 수 있는 일이 무엇인지에 대해 생각하게 만든다. 그리고 그 생각을 행동할 수 있도록 이끌어 준다.

마음이 간절해지면 사람들은 행동을 하게 된다. 그것은 곧 활활 타오르는 열정이 되어 주위의 다른 사람들에게 영향을 미치게 된다. 처음 시작은 자신의 간절함이었지만 어느 순간부터는 다른 사람들에게 그 영향을 나누어주게 되는 것이다.

앞에서도 이야기했지만 나는 머리로 생각은 많이 하면서 그것을 행동으로 옮기지 못하는 사람이다. 내가 머리로 생각한 것들을 모두 행동으로 옮겼다면 지금의 내 모습과는 다르게 살아가고 있었을 것이라 나는 확신한다. 그 정도로 내 자신에게 가장 마음에 들지 않는 부분이 실천을 하지 못한다는 것이었다.

그리고 한 번 시작하면 끝을 내지 못한다. 순간적인 호기심과 불꽃같은 마음으로 시작은 잘하지만 끈기가 없어 그 마음이 오래가지 않는 것이다. 그래서 나는 화산처럼 터져 나오는 마음을 좋아하지 않는다. 차라리 모닥불처럼 그 크기는 작아도 주변을 오랫동안 따뜻하게 데워주는 마음이 좋다.

그런 내가 이 책을 쓰기 위해 책 쓰기 수업을 들으며 몇 달 동안 단한 번의 결석도 없이 출석률 100%를 달성했다. 게다가 수업을 마치고도 이렇게 글을 쓰고 있다. 10년 넘는 시간 동안 작가라는 꿈을 가지고 있으면서 변변한 습작 하나 없던 나에게 상상할 수 없는 일이다.

내가 과거와는 다르게 행동을 할 수 있었던 것은 나를 가르쳐 주신 분의 역할이 컸다. 200여 권의 저서가 있고, 최연소 최다집필이라는 기네스 기록을 보유하고 있는 김태광 작가의 열정적인 수업을 들고 나면 무엇이든 움직여야 할 것 같은 마음이 절로 생긴다. 가만히 있다가도 갑자기 그 시간이 너무 아깝게 느껴져 어떤 일이든 하게 되는 것이다.

결국 그의 열정은 내가 꿈이라는 이름으로 놓아두기만 했던 작가라는 나의 미래를 현실이 되도록 이끌어 주었다. 나는 지금 이 글을 쓰고 있고 이 글이 한 권의 책이 되어 세상에 나왔을 때 지금보다 더 성장해 있을 내 모습을 기대하게 된다. 꿈이 있으면서도 어느 순간 직장 생활에 안주해 버렸던 나의 빈 가슴에 불씨를 지펴준 셈이다.

김태광 작가의 다수의 저서를 보면 그가 얼마나 간절하게 작가라는 꿈을 지켜냈는지 잘 나와 있다. 그리고 그 간절함으로 그는 지금의 성공을 이루어냈다. 그의 간절함은 열정이 되었고 그 열정을 지금은 다른 사람들에게 나누어 주고 있다. 열정은 둘째치고 간절함마저 잃어가고 있었던 나 같은 사람에게 다시 한 번 사춘기 학생이 되어 꿈을 꾸게 만들어 준 것이다.

이렇게 진심 어린 간절함과 열정은 주위에 있는 사람들을 변하게 만든다. 그들의 한마디, 행동 하나에 사람들은 스스로 움직이게 되는 것이다. 누가 강제로 시켜서가 아니라 자신의 마음이 하자는 대로 몸을 움직이게 된다.

누구나 다른 사람이 시켜서 하는 일은 하고 싶지 않다. 하지만 자신이 하고 싶어서 하는 일은 마음이 즐겁다. 간절함을 가지고 열정적으로 우리에게 다가오는 사람들을 만나면 우리는 그들이 요구해서가 아니라 우리 스스로 그들의 말에 귀를 기울이고 행동하게 된다.

이제는 우리도 그렇게 되어야 할 때이다. 다른 사람의 간절함이, 열정이 우리를 변하게 만들어 주었던 것처럼 우리도 다른 사람들에게 그 마음을 나누어 줄 때가 되었다. 사람들에게 내가 원하는 것을 요구하는 것에서 벗어나 진심을 담은 간절함으로 사람들의 마음을 노크하는 것은 어떨까. 그리고 열정적으로 그들에게 다가갔을 때 그들은 우리가 굳이 말을 하지 않아도 우리에게 마음의 문을 활짝 열고 신발끈을 질끈 묶으며 움직일 준비를 할 것이다.

다양한 사람들을 만나다 보면 이럴 때가 있다. 어떤 이에게 들었을 때는 기분 좋았던 말이 또 다른 사람에게 들으면 기분이 나빠진다. 신기하게도 분명히 같은 단어와 표현을 사용했는데 누구에게 들었느냐에 따라서 우리의 기분은 하늘과 땅 차이가 되고 만다.

나는 그 이유를 이렇게 말하고 싶다. 그 말을 할 때의 말하는 이가 가지고 있는 느낌 때문이라고. 말은 입을 통해 밖으로 나와 상대의 귀로 전해진다. 그 과정에서 공기 중에 사라지기도 하고 듣기는 했지만 오래가지 않아 잊어버리기도 한다. 그래서 우리는 말이라는 것 자체를 소홀하게 여길 때가 많다.

하지만 말은 결코 쉽게 생각할 수 있는 것이 아니다. 말 한마디로 자신이 살아갈 인생이 달라진 사람들도 많기 때문이다. 그 순간에 하고 싶은 말을 했을 뿐인데 기회를 잡은 사람도 있고 반대로 말 한마디로 자신의 것이 되기 직전에 기회를 잃어버리는 사람도 있다. 우리가 말 한마디를 할 때 신중해야 하는 이유가 여기에 있는 것이다.

"못 하는 것과 하지 않는 것은 차원이 달라!"

선수들의 귓가에 감독의 목소리가 들린다. 현대캐피탈 최태웅 감독은 2016 프로 배구에서 경기를 이기고 있을 때에도 이렇게 말했다. 이 한마디에 선수들은 방심하려던 마음을 다잡고 다시 열심히 승리를 향해 뛰게 된다.

"여기 있는 모든 사람들이 너희를 응원하고 있어. 한번 뒤집어 보자!"

경기에서 지고 있을 때는 이렇게 말하며 선수들이 힘을 내 뛸 수 있도록 격려해준다.

사실 이 한마디를 하는 시간은 결코 길지 않다. 몇 초에 불과한 아주 짧은 순간이다. 그런데 선수들은 이 한마디에 다시 힘을 내 승리를 향해 내달린다. 스포츠에서 적재적소에 감독이 남기는 한마디는 선수들의 사기를 들었다 놓았다 할 정도로 중요하다.

그 이유는 말이 입 밖으로 나오는 순간 공기 중에서 사라지는 것이 아니기 때문이다. 말은 에너지이다. 말하는 사람이 어떤 감정으로 어떤 에너지를 내보내느냐에 따라서 듣는 사람도 좋은 에너지를 받을 수도 있고 나쁜 에너지를 얻을 수도 있다. 게다가 말을 하는 순간 말하는 당사자 역시 그 에너지를 느끼기 때문에 좋은 말을 사용하면 좋은 기운을, 나쁜 표현을 사용하면 나쁜 에너지를 서로 공유할 수밖에 없다.

2016년 3월 4일 KBS 뉴스광장에서는 재미있는 실험을 보도했다. 긍정적인 문장과 부정적인 문장을 각각 보여주고 3분 동안 신체 변화가 일어나는지에 대한 실험을 해보았던 것이다. 실험 결과 스트레스 지수와 심장 안정도 등에서 실험 전과 후가 차이가 있음을 알 수 있었다. 결국 우리는 말 한마디로 스트레스를 받을 수도, 받지 않을 수도 있고 안정을 느끼거나 불안을 느낄 수도 있다는 이야기이다.

우리가 우리의 대화법을 바꾸어야 하는 이유가 여기에 있다. 신체 접촉 하나 없는 말 한마디가 사람의 마음을 흔드는 것은 물론이고 몸에도 영향을 미치기 때문이다. 우리가 우리 주변의 사람들, 환경 등을 변화시키기 위해서는 우리의 말부터 바꾸어야 한다.

대화는 사람들끼리 단순하게 말 몇 마디를 주고받는 것이 아니다. 대화를 통해 사람들은 자신이 경험했을 때의 기분과 지금 현재의 느낌을 공유한다. 그렇기에 대화는 솔직하게 자신의 이야기를 할 수 있어야 한다. 가장 솔직한 모습을 보여주었을 때 사람들은 우리에게 호감을 느끼고 우리의 이야기에 귀를 기울인다. 우리에게서 거짓이 느껴진다면 상대는 귀를 닫아버리는 건 물론이고 마음의 문까지 굳게 걸어 잠가 버린다.

우리가 사람들에게 솔직하게 말을 하면 사람들 앞에서 당당하게 이야기를 할 수 있다. 나 스스로에게 부끄러울 것이 없기 때문에 당당한 자신감을 내보일 수 있는 것이다. 그렇다고 해서 솔직하게 말하는 사람이 언제나 대화를 잘하는 것은 아니다. 때로는 그 솔직함이 갈등을 만들 수도 있기 때문이다.

예를 들어 지금 당신과 마주앉아 이야기를 나누고 있는 사람의 얼굴이 마치 원숭이를 닮은 것처럼 보인다. 몹시 못생겼다고 생각하면서 그에게 이렇게 말하는 것이다.

"너 꼭 원숭이처럼 생겼어. 엄청 못생겼다."

이 말을 들은 당사자의 기분은 어떨까? 아마도 외모에 대한 콤플렉스가 없다가도 생기게 될 것이다. 나아가 원숭이라는 동물 자체를 싫어하게 될 수도 있다. 그렇기 때문에 우리는 솔직하게 든 생각을 적절한 표현으로 이야기하는 것에도 주의를 기울여야 한다.

"네 얼굴은 너만의 개성이 있어. 요즘 사람들은 비슷비슷하게 생긴 사람들이 참 많은데 넌 너만의 특징이 있어서 좋네."

이렇게 말한다면 듣는 사람도 못생겼다는 생각보다도 자신만의 특징에 대해서 생각을 하게 된다. 외모에 대해 콤플렉스가 있었다가도 자신의 특징을 부각시켜 사람들이 보기에 호감이 가는 얼굴로 스스로를 꾸미게 될 수도 있다.

우리는 이렇게 부정적인 면이 보여도 그것을 긍정적인 표현으로 이야기할 줄 알아야 한다. 솔직한 마음을 담아서 이야기를 하되 상대의 기분이 상하지 않도록 듣기 좋은 표현을 사용해 주는 것이다. 어차피 해야 할 말을 하면서 서로에게 좋은 감정이 생기도록 말을 하면 서로에게 이로워지기 때문이다.

마지막으로 지그 지글러의 말을 함께 생각해 보았으면 한다.

"사람들은 의욕이 끝까지 가지를 않는다고 말한다. 뭐, 목욕도 마찬가지 아닌가? 그래서 매일 하는 거다. 목욕도, 동기부여도."

우리의 말도 마찬가지이다. 지금 당장은 어떻게 말해야 할지 알 것 같아서 상대에게 이야기를 했지만 막상 받아들이는 사람이 다르게 이해할 수도 있다. 그것에 풀이 죽어 그만하려는 마음을 가지지 않기를 바란다. 중요한 것은 우리가 매일 목욕을 해야 하듯이 말 또한 다양한 사람들과 접하면서 다양한 표현들을 사용해 보아야 한다는 것이다. 그렇게 우리의 마음을 진솔하게 표현할 수 있는 적절한 표현을 찾아갈 때 우리의 대화법이 조금씩 달라지고 있는 것을 느끼게 될 것이다.

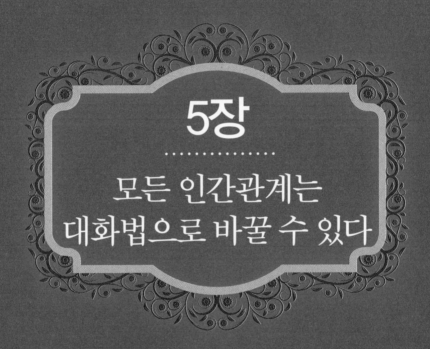

5장
....
모든 인간관계는
대화법으로 바꿀 수 있다

01 | 상대의 마음을 얻는 사람은 대화법이 다르다

핸드폰가게에서 걸려온 홍보 전화를 받았다. 자신들이 기업 판촉팀이라며 말을 꺼내기에 나는 전화기를 바꿀 생각이 없다는 말로 한마디로 끊어 버리려고 했다. 그런데 이 사람은 다른 텔레마케터들과 다르게 쉽게 전화를 끊지 않았다. 오히려 지금 가지고 있는 핸드폰을 어느 정도 사용했는지, 요금제는 어떤 것을 쓰고 있는지에 대해 묻더니 설명을 늘어놓기 시작했다. 어쩐지 정감 가는 목소리에 친근한 말투, 적절하게 상대의 말을 들으면서 자신의 이야기를 해 나가는 모습에 나도 모르는 사이 핸드폰을 바꾸기로 결정을 내려 버렸다.

나는 핸드폰 번호를 바꿀 생각이 없었다. 그래서 기기를 먼저 받고 가지고 있던 번호를 해지한 뒤 신규로 다시 가입하는 방식으로 개통을 하기로 했다. 요금제도 사용하던 것보다 훨씬 비쌌지만 기기 값이 줄어들어 지금과 차이가 없다는 말에 흔쾌히 그렇게 하겠다고 했다.

그리고 퇴근을 하자마자 새로운 핸드폰을 갖게 되었다는 부푼 마음에 자주 들르던 통신사 직영점을 찾았다. 동네에 있기도 했고 5년가량 사람도 바뀌지 않은 곳이어서 통신사에 볼 일이 생기면 늘 다니던 곳이었다.

"갑자기 왜 해지하세요?"

많은 사람들이 기기 값이 싸다는 이유로 번호이동을 하거나 전화번호를 바꾸어 신규 가입을 할 때도 고집스럽게 기기변경을 하면서 내 전화번호를 지켜왔던 나였다. 그렇다 보니 직영점 직원이 의아스럽게 물었다. 나는 상황을 설명해 주었다.

"기기 값은 얼마래요?"

해지 신청서를 챙겨주며 직원이 물었다. 나는 내가 들었던 금액을 이야기해 주었다. 그러자 직원은 잠시 아무 말도 하지 않았다. 다만 갑작스런 침묵에 내 기분이 이상해질 뿐이었다. 그녀는 잠시 고민하는 듯하다 조심스럽게 말을 꺼냈다.

"다른 분들이시면 얘기 안 하겠는데 지금 쓰고 계시는 것도 제가 해드렸던 거고 저희 가게에 자주 오시잖아요. 그런데 지금 그 금액이면 저희보다 비싸거든요. 기업 판촉이면 저희보다 비쌀 리가 없는데 이상해서요."

나는 순간 차가운 물벼락이라도 맞은 기분이었다. 그녀는 할부 개월과 요금제 등에 대한 조건을 묻더니 고개를 더 갸우뚱했다. 나는 말솜씨 좋은 영업 사원에게 넘어가고 만 것이었다.

내가 이미 해지된 기존 핸드폰과 이미 가입을 해버린 새로운 기계를 바라보았다. 이미 엎질러진 물이 되어 있어서 주워 담기에는 너무 늦어 있었다.

"다시 원래대로 할 수 있는 방법은 없는 거죠?"

마지막 희망이 혹시라도 있을지 모른다는 생각에 직원에게 물었다. 그녀는 방법이 있기는 하다며 자세하게 설명을 해주었다. 나는 그녀의 이야기를 다 듣고서야 조금은 가벼워진 마음으로 가게를 나올 수 있었다.

내가 핸드폰의 반품을 위해 텔레마케터와 통화를 했을 때 그는 직영점은 자신들을 좋게 이야기할 리 없다고 했다. 그러면서 그들의 말만 믿고 좋은 조건으로 산 기기를 반품하는 것은 옳지 않다고 거듭 강조했다. 하지만 나는 더 이상 그의 말을 믿을 수가 없었다. 유창한 말솜씨에 잘못된 판단을 하는 것은 한 번으로 족했다.

내가 직영점 직원의 말을 신뢰했던 이유는 무엇일까? 오랜 시간을 보아 온 곳이었기에 이미 어느 정도 믿음이 생겨 있었던 것도 아니라고 할 수는 없을 것이다. 하지만 결정적인 이유는 그녀는 자신의 가게에 있는 물건을 팔기 위해 그 이야기를 꺼낸 것이 아니었다. 판매에 대해서 이야기했던 것은 출고 금액이 전부였다. 그 다음부터는 내가 선택했던 조건에 대한 장점과 단점을 차근차근 설명해 주었다. 아무 이득이 없는 일에 자신의 시간을 할애해 상담을 해주는 모습에 나는 진심으로 고마웠다. 그녀는 단지 상황을 이야기해 주고 싶었을 뿐이라는 것을 느낄 수 있었던 것이다.

사람들 중에는 이렇게 함께 이야기를 하는 것만으로 믿음을 갖게 만드는 사람이 있다. 듣기에는 거북한 말도 귀를 기울이게 만드는 사람들을 우리는 종종 만나게 된다. 그들은 잘못된 판단에 대한 지적, 조언 등을 하면서도 상대의 마음을 상하지 않게 한다. 오히려 잘못된 것을 바로 잡을 수 있는 기회를 주어 고마움을 느끼게 만든다.

내가 공기업의 계약직 직원으로 일할 때의 일이다. 나는 그곳에서 직원들의 복지와 관련된 일을 하고 있었다. 직원들에게 법인 명의로 되어 있는 리조트를 사용할 수 있게 제공해 주는 과정에서 회원권을 관리하고 예약해주는 업무였다.

평상시와 다를 바 없는 금요일 아침 차장님이 나를 불렀다. 회사의 윗분이 리조트 이용을 원한다면서 예약이 가능하냐는 내용이었다. 당시 여름 휴가철을 앞두고 있는 7월 초였기 때문에 주말 예약은 불가능한 상황이었다. 나는 확인해 보기는 하겠지만 어렵다는 말을 남긴 채 내 자리로 돌아왔다.

내 예상은 적중이었다. 그래도 혹시나 하는 마음에 대기 예약을 해 놓고 다른 업무를 보고 있을 때 차장님이 다시 나를 찾았다.

"리조트 담당자한테 어떻게 부탁 못 하나?"

담당자와 한 번 통화를 했던 일이 있었던 터라 나는 가급적 그렇게까지 하고 싶지는 않았다. 회원사의 상황을 일일이 고려해 줄 사람은 아니라는 느낌을 강하게 받았기 때문이다. 그래도 차장님의 부탁을 외면할 수 없어 전화를 했지만 역시나 돌아오는 대답은 알아보겠다는 답변뿐이었다.

솔직히 말해서 나는 리조트 담당자에게 아쉬운 소리까지 해가며 예약을 해줘야 하는 상황 자체가 마음에 들지 않았다. 얼마나 중요한 사람인지는 모르지만 다른 직원들과 다르게 특별하게 대해주는 것 같은 느낌이 들었던 것이다. 이 회사에서 근무하는 한 직급이 아무리 높아도 나에게는 공평하게 대해야 하는 직원 한 사람에 불과했다.

그래서 나는 다른 사람들에게 그리하듯 크게 신경을 쓰지 않았다. 간혹 리조트 이용을 꼭 해야 한다며 자신의 직급을 내세우는 사람도 있고 혹은 나에게 잘 보이기 위해 노력하는 사람들도 있었다. 하지만 예약은 어디까지나 자신의 운에 맡길 일이지 내가 어떻게 해줄 수 있는 일이 아니었다. 어느 누가 신청을 하든 특권 같은 것 없이 똑같이 대해주어야 한다는 것이 내 업무 원칙이었다.

오후가 되어 예약 상황을 확인하던 중 나는 아침에 부탁했던 차장님의 예약이 되어 있는 것을 발견했다. 그리고 잠시 고민을 해야 했다. 내 부탁을 무시하지 않고 들어준 것에 대한 감사함을 전해야 하는 것은 당연한 일이었지만 통화를 하고 싶지 않았던 것이다. 깐깐하고 무서운 목소리의 중년 남성인 담당자에게 전화를 걸고 싶지 않았다. 한참을 머뭇거리다 나는 어렵게 전화기를 들어 올렸다.

"안녕하세요. 공사의 김현아입니다. 아침에 부탁드렸던 예약이 되어 있더라고요. 신경 써 주셔서 감사드립니다."

"네."

정말 할 말이 없었다. 그 흔한 '아닙니다.', '별말씀을요.' 등의 대답도 돌아오지 않았다.

"그럼 주말 잘 보내시고요. 오늘 정말 감사했습니다."

최대한 미소를 지으며 이야기를 했지만 그 미소는 진심이라기보다는 어색함에서 묻어나는 것이었다. 식은땀을 흘리며 짧은 통화를 마치고 나는 한숨을 길게 내쉬어야만 했다.

그 이후에도 유사한 일은 여러 차례 있었다. 내가 아무리 원칙을 내세워도 위에서 지시가 내려오면 어쩔 수 없는 것이었고 나도 사람이기에 좋은 사람과 그렇지 않은 사람이 생기면서 담당자와 통화할 일이 점점 많아졌다. 그러는 동안 무섭게 느껴졌던 목소리가 서서히 익숙해져 갔다.

"현아 씨! 오늘 회원권 연장 때문에 사무실 갔었는데 없더라고요. 아쉬웠어요."

몇 개월을 그렇게 지내고 나니 마치 같은 회사 직원을 대하듯 담당자의 목소리와 말투가 달라지기 시작했다. 그리고 급기야는 우리 사무실에 왔었다는 이야기를 하며 나를 만나지 못해 아쉬웠다고까지 했다.

"어머! 저 있었어요. 들어오셨을 때 하얀 카디건 입고 서 있었던 여직원이 저였어요."

"그럼 아는 척을 했어야지. 거기까지 가서 말 한마디 못 하고 왔네."

"계약 담당하시는 분이랑 바로 얘기하러 가셔서 제가 인사를 드리기가 좀 그렇더라고요. 죄송해요."

회원권 관리는 내가 하고 있었지만 연장을 위한 재계약은 다른 담당자가 있었다. 그리고 두 사람 사이에서 약속을 잡고 그날 아침까지 도착 시간을 확인하는 등의 일을 내가 하고 있었기 때문에 나는 담당자의 방문을 알고 있을 수밖에 없었다. 다만 계약과 관련해서는 내가 나설 수 있는 부분이 아니어서 목례만 할 수밖에 없었던 것뿐이었다. 그도 그런 내 입장을 이해한 듯 간단하게 대답을 하고 우리는 전화를 끊었다.

내가 만약 통화를 하고 싶지 않다는 생각으로 부탁을 들어준 것에 대한 감사를 전하지 않았다면 어떻게 되었을까? 아마도 그는 그 이후로 내 부탁을 들어주지도 않았을 것이고 우리 회사의 예약에 대해서는 신경을 써주지 않았을 것이다. 하지만 용기를 내어 전화를 걸었고 그런 것들이 반복되면서 감사함에 대한 내 마음이 전해졌기 때문에 나를 대하는 담당자의 태도도 조금씩 달라졌던 것이다.

사람들의 마음을 얻기 위해서는 단순하게 말만 잘해서는 안 된다. 자신의 생각이나 느낌을 솔직하게 말할 수 있어야 한다. 내가 핸드폰을 반품하면서까지 통신사 직원의 말을 신뢰했던 이유도 그것 때문이었다. 그리고 리조트 담당자 역시 마찬가지였다. 그 역시도 내가 어색하고 어려워하고 있다는 것을 느꼈을 것이다. 그럼에도 꼬박 꼬박 인사를 전하는 나에게 조금씩 마음을 열어주었던 것이라 나는 생각한다.

이렇게 우리는 사람들에게 신뢰를 주고 마음을 사로잡을 수 있는 대화를 해야 한다. 말솜씨가 좋아 사람들을 유혹하는 듯한 대화가 아니라 때로는 싫은 소리일지라도 상대가 기분 나쁘지 않도록 말을 할 수 있어야 한다. 우리 주변에는 이런 사람들이 한둘은 있기 마련이다.

그들과 대화를 하면서 왜 자신이 그들을 믿고 있는지, 그들의 말에는 왜 기분이 나쁘지 않은지에 대해서 생각해 볼 필요가 있다. 그것에 대한 답을 얻을 수 있다면 우리도 대화를 통해 사람들의 마음을 얻는 사람이 되어 있을 것이다.

힙합 그룹 에픽하이의 노래 중에는 '헤픈 엔딩'이라는 곡이 있다. 그리고 이 곡의 가사 중에는 '돈 내란 말보다 싫은 말이 힘내'라는 곡절이 있다. 무심코 흘려들었던 노래 가사가 문득 떠오른 것은 요즘 들어 나 자신에게 조금만 더 힘내자는 말을 자주 하고 있었기 때문이 아닌가 싶다.

우리는 어떤 일에 대해서 고민하는 사람들을 만나면 "힘내! 잘될 거야!"라는 말을 참 많이 한다. 하지만 그런 말들이 상대에게 어떤 느낌으로 다가올까에 대해서는 생각해보지 않았던 것 같다. 나부터도 "힘내! 넌 잘할 수 있어!"라는 식의 말을 많이 사용했기 때문이다.

'힘내!'라는 말을 들으면 딱히 대답할 말이 없다. 그저 '너도. 고마워.'라는 식으로 대답을 할 수 있을 뿐이다. 가장 중요한 '어떻게?'라는 질문은 아예 입 밖으로 꺼낼 수조차 없다. 그러다 보면 오히려 그 말이 힘을 더 빠지게 만들기도 한다.

SNS 시인으로 잘 알려진 글 배우가 있다. 그는 종이에 손 글씨로 쓴 시를 담벼락 같은 곳에 붙여 사진을 찍은 후 SNS에 올린다. 이 시는 누구에게 보여주기 위한 것이 아닌 스스로를 위로하기 위해 시작한 것이었다.

초등학교 시절부터 태권도 선수가 되는 것이 꿈이었던 그는 고2 때 허리디스크로 인해 꿈을 포기해야 했다. 그동안의 목표가 사라지면서 무엇을 해야 할지 알 수가 없었다. 그래서 대학교를 한 학기 만에 휴학하고 사업을 시작했다. 두 번의 실패, 그리고 세 번째에서 어느 정도 자리를 잡았다. 그런데 어쩐지 행복하지가 않았다. 하루 2시간씩 자면서 일구어낸 사업이었는데 그는 전혀 행복하지 않았다. 그는 결국 과로로 쓰러지게 되었고 이것은 수술로 이어졌다. 그러면서 혹독하게 살아온 자신을 위로하기 위해 시를 쓰기 시작했던 것이다.

그가 쓴 시는 SNS 시작 5개월 만에 20만 명의 팬을 갖게 되었을 정도로 인기가 좋다. 게다가 대학로에서 그가 진행했던 '불빛 프로젝트'에는 많은 사람들이 찾아왔다. '불빛 프로젝트'는 37일 동안 매일 밤 7시에서 10시까지 불을 켜놓고 찾아오는 사람들의 고민을 들어주는 프로젝트였다. 사람들의 고민을 들어주고 그에 대한 위로의 글을 써주다 보면 자정을 넘기기 일쑤였다.

2015년 12월 9일자 중앙일보에서 그는 그의 시가 왜 사람들의 공감을 얻는 것 같은지에 대해 묻는 질문에 이렇게 대답했다.

"사실 내 시를 독창적이라고 할 수는 없다. 그냥 누구나 아는 이야기들이다. 요즘 사람들이 너무 바빠서 '밥은 먹고 사니?' 같은 짧은 안

부도 잘 안 묻는데 살다 보면 외롭고 힘들다. 그럴 때 누군가 그 이야기를 글로 적어 올리니 위안을 받는 것 같다."

글 배우의 시는 누군가를 위로하기 위한 글이 아니었다. 스스로를 위로하고 위안을 얻기 위해 시작한 것이었다. 그의 글은 예상하지도 못했던 인기를 얻으며 많은 사람들에게 사랑을 받았다. 그것은 그의 글 속에 어떠한 해결책이 있어서가 아니라 그가 힘든 시간을 보냈던 것처럼 누군가도 이 순간 힘들어하고 있기 때문이 아닌가 한다. 마치 자신의 마음을 알아주는 것 같은 그의 글을 읽으며 스스로를 위로하게 되는 것이다.

우리는 슬프거나 힘든 일이 생겼을 때 마음껏 힘들어할 수가 없다. 나를 바라보고 있는 주변 사람들의 시선 때문에 혹은 힘들어하는 이 순간조차 사치처럼 느껴져서 힘들다는 말 한마디 제대로 하지 못할 때가 많다. 너무 슬퍼서 울고 싶을 때도 소리 내어 큰 소리로 우는 것이 아니라 이불을 뒤집어쓰고 혹시라도 내 울음소리가 밖으로 새어 나가지 않을까 걱정하며 입을 틀어막고는 한다. 누군가에게 지금 너무 힘들다고, 내 이런 상황이 슬프다고 투정을 부리고 싶어도 그렇게 할 상대가 없다.

내 주변에는 나에게 고민거리를 털어놓는 사람들이 많다. 가끔은 내가 고민 상담소인가 싶을 정도로 여러 사람이 동시에 이야기를 쏟아낸다. 점심때 동료와 이야기를 하고 퇴근할 때가 되면 갑자기 걸려온 친구의 전화에 또 다른 고민들이 술술술 나온다. 그리고 집에 도착해 늦은 저녁이면 친한 언니에게 메시지가 온다. 이런 상황이 나는 전혀 어색하지가 않다. 오히려 '또 무슨 일이 있었구나.' 하며 담담하게 받아들이게 되었다.

이렇게 사람들의 이야기를 들어주면서 내가 알게 된 것은 그들은 나에게 해결책을 바라고 말을 꺼내는 것이 아니라는 것이다. 그들은 자신의 이야기를 들어줄 사람이 필요한 것이었다. 속 시원하게 지금 생각하는 어려움을 이야기하고 싶었던 것뿐이다.

나도 그 마음을 알게 된 후부터는 그들의 말에 어떠한 생각이나 판단을 하지 않게 되었다. 나는 나이고, 그들은 그들일 뿐이기 때문에 내가 아무리 노력해도 그들의 입장이 될 수는 없었다. 그들의 마음을 완전하게 이해할 수는 없다는 것이다. 그래서 내가 할 수 있는 것은 하고 싶은 말이 다 끝날 때까지 들어주며 그들이 지금 어떤 마음일지 최대한 느껴보는 것이 전부이다.

나도 처음에는 어쭙잖은 위로를 해보려고 노력했다. 그리고 고민에 대해서 함께 해결책을 찾아보려고 했다. 하지만 내가 그렇게 하면 할수록 오히려 그들은 말을 멈추어 버렸다. 그들에게 도움을 주어야 한다는 내 생각에 사로잡혀 지금 그들이 어떤 마음일지에 대해서는 깊게 생각하지 못하게 된 것이다.

그러면서 생각했다. '지금 내가 어떤 말을 한다고 해서 이 사람의 귀에 그 말이 들릴까?' 들리지 않을 것 같았다. 아무리 좋은 이야기를 해주어도 그들에게 필요한 것은 듣는 것이 아니라 말을 직접 하는 것이라 생각했다. 그래서 나는 그들의 말에 귀를 기울이는 것을 선택했다.

우리는 슬프거나 힘들어하는 사람들을 만나면 "왜 그래?"라는 말을 시작으로 그들에게 말해보라고 한다. 그리고 무엇인가 위로의 말을 건네야 할 것 같은 의무감을 느끼며 말한다.

"괜찮아. 잘될 거야. 힘내."

그 순간 그들에게 정말 필요한 말이 이런 말일까? 그들은 흔한 유행가 가사와 같은 한마디를 듣기 위해 자신의 이야기를 하는 것이 아니다. 이런 말을 들으면 그들은 오히려 더 이상 아무런 말도 할 수가 없게 된다. '힘내.'라는 사람에게 '나 지금 힘들어. 죽을 것 같아.'라고 더 이상 털어놓을 수가 없게 되는 것이다.

우리는 아무리 노력해도 절대 다른 사람이 될 수는 없다. 그렇기 때문에 그 사람의 슬픔이 어느 정도인지, 고민의 깊이가 얼마나 깊은지에 대해서 알 수가 없다. 우리는 쉽게 생각할 수 있는 일을 그들은 절대 넘어설 수 없는 장애물 같은 것으로 여기고 있을 수도 있다. 그렇다고 그들이 잘못되었다고 말할 수도 없는 것이다.

그래서 우리가 할 수 있는 것은 그들이 충분히 슬퍼하고 힘들어할 수 있게끔 해주어야 하는 것이다. 최대한 지금 그들이 어떤 마음일지 짐작하고 함께 느끼려 노력하면서 그들의 이야기에 귀를 기울여 주는 것, 그 작은 노력이 그들에게는 그 어떤 비책보다 좋은 위로가 된다. 그리고 말을 하다가 우연히 스스로 해결책을 찾게 될 수도 있다.

나는 눈가에 눈물까지 글썽이며 자신의 마음을 이야기하는 사람들에게 아무런 말도 하지 않는다. 그저 조용히 고개를 끄덕여 줄 뿐이다. 함께 길을 걷고 있다면 계속 걸음을 옮기고 마주 앉아 있다면 조용히 손을 잡아준다. 그 순간 그 작은 몸짓 하나에 그들은 혼자가 아니라는 위로를 받는다.

누군가의 슬픔을 들었을 때, 누군가 힘들다고 말할 때 위로할 말이 없다면 애써 그 말을 찾을 필요는 없다. 그의 한 마디 한 마디에 귀를 기울여 주며 그의 마음이 어떨지 함께 느끼려는 마음 하나면 그들은 백 마디의 말보다 더 큰 위로를 받게 된다. 그리고 우리가 꼭 해결책을 찾아주지 않아도 스스로 해결할 수 있는 방법에 대해서 충분히 생각해 볼 여유가 생긴다. 이제는 "힘내!"라는 흔한 위로에서 벗어나 내 마음을 담아 따뜻하게 손 한번 잡아주고 눈 한번 마주쳐 주는 것은 어떨까. 그리고 자신이 털어놓은 이야기에 민망함을 느끼는 사람에게 미소 띤 얼굴로 한마디 해주는 것도 좋을 것 같다.

"잘했어. 친구야."

03 | 상대를 적이 아닌 내 편으로 만드는 대화를 해라

중학교 시절 나는 컴퓨터 학원에 다녔다. 그곳에서 학교는 다르지만 함께 수업을 받으며 친해진 친구 F가 있었다. 동글동글한 얼굴에 긴 머리를 항상 한 갈래로 묶고 다니던 친구였는데 성격도 쾌활하고 의리도 있어 우리는 빠르게 친해졌다.

F는 나에게 자신의 학교 친구 J를 소개시켜 주었다. J가 다니는 모임에 자신이 다녀왔는데 괜찮다며 나를 데리고 간 것이었다. J는 나쁜 아이처럼 보이지는 않았지만 말수가 적고 어쩐지 다가가기 어려워 보였다. 그래서 우리는 쉽게 친해지지 못했다.

그날 저녁도 모임에 참여하기 위해 J네 집 동네로 가야 하는 날이었다. 그런데 여름과 다르게 겨울에는 해가 일찍 지다 보니 나는 그곳까지 가는 데 어려움을 느꼈다. 버스를 타고 가야 하는데 날이 캄캄해 버스 번호를 볼 수가 없었던 것이다. 결국 몇 대의 버스를 놓치고서야 겨우 차를 타고 약속 장소에 갔지만 이미 시간이 너무 많이 흐른 후였다. 모임이 끝나 있었던 것이다.

나는 J의 동네 버스 정류장에서 나를 기다리고 있던 F를 보자마자 미안하다고 말했다. 그 당시에는 핸드폰이 없었기 때문에 서로 연락을 하기가 쉽지 않았다. 그래서 하염없이 기다리고 있었을 F에게 미안한 마음뿐이었다.

"지금 오면 어떡해!"

버럭 화를 내는 F에게 나는 어떠한 말도 할 수가 없었다. 그녀는 내 말을 들을 생각 자체가 없었다. 내가 무슨 말을 꺼내려 할라치면 듣기 싫다는 마음을 온몸으로 표현하는 것 같았다. 나는 어쨌든 오래 기다리게 만든 것은 내 잘못이었기에 아무런 말도 하지 못한 채 걸음을 옮겼다.

이미 모임이 끝난 것을 확인하고 나는 F의 팔을 잡았다. 미안하다는 말로는 화가 풀릴 것 같지 않았지만 그래도 내 마음을 전하기는 해야 할 것 같았다. 그런데 그녀는 그 손을 뿌리치고 한마디 말도 없이 혼자서 가 버렸다. 한밤중에 가로등 불빛도 뜨문뜨문 있는 인적이 드문 모르는 동네 골목길에 날 내버려둔 채 그렇게 혼자서 가 버린 것이다.

그 일이 있은 후 며칠 뒤 F를 만났을 때 그녀는 아무 일도 없었다는 듯 나에게 다가와 평소와 똑같이 말을 했다. 자신이 나를 두고 간 것에 대해서는 까맣게 잊어버린 것 같은 모습이었다. 나도 굳이 그 일에 대해 말을 하고 싶지 않았기에 우리는 예전과 다름없이 지내는 것처럼 보였다.

244

그리고 오랜 시간이 흘러 나는 회사에 다니고 F는 대학에 다닐 때 우리는 몇 년 만에 얼굴을 보게 되었다. 그동안 자주 연락을 하지 못해 어색한 기분도 들었지만 반가운 마음이 더 컸다.

"회사 다니니까 좋겠다. 나는 언제 회사 다니지?"

재수를 했고 이야기를 들어보니 휴학도 한 터라 공부를 한 시간이 꽤 길어 보였다. F의 입장에서 직장에 다니는 내 모습이 부러워 보일 수도 있겠다 싶었다.

"학교 다닐 때가 좋은 거야."

나는 간단하게 대답하고 F의 뒤를 따라 걸었다.

"너 눈 더 나빠졌냐?"

"뭐?"

"눈 나빠졌냐고."

앞서서 계단을 내려가다 뜬금없이 F가 말했다. 순간 나는 내 귀를 의심했다. 마지 가게에 들어가 이 물건의 가격이 얼마냐고 묻는 식으로 아무렇지 않게 물어오는 F의 모습에 당황스럽기까지 했다. 그리고 뒤이어 내 머릿속을 스친 생각은 저 아이는 나를 친구로 생각하고는 있는 것인지 의심스러워졌다. 아무리 내가 시력에 대해 이야기하는 것을 꺼리지 않는다 해도 그렇게 쉽게 말할 수 있는 부분은 아닌 것 같았다.

그 이후로 우리는 어떻게 되었을까? 더 이상 아무런 연락을 하지 않는다. 1년 전쯤 F가 먼저 나에게 메시지를 보내왔지만 나는 간단한 답변 한마디를 남긴 채 더 이상 아무런 말도 하지 않았다. 서로 가벼운 안부를 묻는 정도, 딱 그 정도까지면 충분한 것 같다.

나와 F는 학원에서 소문이 자자할 정도로 절친한 친구들이었다. 그런데 지금은 서로 안부조차 제대로 확인하지 않는 사이가 되어 있다. 그것은 마음의 문을 닫아버린 나 때문일 수도 있지만 내 마음을 닫히게 만든 F의 모습 때문이기도 하다.

우리는 사람들과 대화를 하다 보면 우리의 입장에서 말을 하게 된다. 이것은 너무나 당연한 것이다. 우리가 아무리 노력을 해도 앞에 앉은 상대가 될 수는 없기 때문에 당연히 우리가 말을 할 때는 우리의 입장에서 할 수밖에 없다. 하지만 여기서 중요한 것은 상대의 마음을 이해해 보려는 노력이다.

화가 나고 짜증이 나는 상황에서 자신의 감정을 앞세워 화부터 내는 사람이 있고 상대에게 '왜?'라는 질문을 하는 사람이 있다. 이것은 상대에게도 사정이 있었을 것이라는 기본적인 배려가 있기 때문이다. 그리고 그 상황을 듣고 나면 화가 났던 마음은 조금씩 누그러진다.

또 나에게는 아무렇지 않은 말이 듣는 사람에 따라서는 기분 나쁠 수 있다는 것도 우리는 염두에 두어야 한다. 그렇다고 그 말을 피해서 하지 말라는 의미는 아니다. 같은 내용을 담고 있는 말이라 할지라도 어떤 마음으로 하느냐, 어떤 표현을 사용하느냐에 따라 상대에게 와 닿는 느낌은 천지차이이다.

아마도 내가 F에게 마음을 닫아버린 것은 골목길에 나를 두고 간 날부터였던 것 같다. 그런데 그날이 나에게 최악의 날로 기억되지 않는 이유는 그 사건으로 인해 또 다른 친구를 얻었기 때문이다. 훌쩍 가 버린 F의 모습에 당황스럽고 놀라서 꼼짝도 하지 못하는 내 어깨에 누군가 손을 얹었다. 그리고 왜 그러냐. 무슨 일이냐 그런 질문 하나 없이 그는 말했다.

"가자."

아무렇지 않게 가볍게 말하는 그 두 글자가 그 순간 그렇게 힘이 될 수가 없었다. 그리고 그녀가 10년이 넘는 시간 동안 내 곁을 지켜 주고 있는 친구 J이다. 언젠가 F가 투덜거린 적이 있었다. 자신이 J를 소개시켜 줬는데 왜 자신보다 우리 둘이 더 친해진 것이냐고 나에게 물은 적이 있었다. 그때 차마 "너 때문이야."라고 말할 수는 없었지만 우리가 절친한 사이가 된 것은 확실히 F의 몫이 컸다.

이렇게 우리는 말 한마디로 사람을 얻기도 하고 사람을 잃기도 한다. 우리가 쉽게 하는 말들 속에는 자신에게 아무렇지 않은 일이기에 상대에게 어떻게 들릴지에 대한 생각 없이 하는 말들이 있다. 반면 어떤 사람들은 상대의 마음을 가볍게 해주기 위해 일부러 더 아무렇지 않은 척 말하기도 한다. 분명 같은 말인데 다르게 들리는 이유가 여기에 있다. 스스로의 감정을 앞세워 말하는 것이 아니라 상대의 마음이 어떨지에 대한 생각까지 듣는 사람에게 전달되는 것이다.

나는 스스로의 감정에 항상 솔직해야 한다고 말한다. 그리고 그것을 표현할 수 있는 적절한 단어를 선택하는 것이 중요하다고 생각한다. 내가 F를 더 이상 친구로 생각하지 않게 된 것은 그녀의 솔직함은 좋았으나 자신의 마음을 표현하는 방법 때문이었다. 나에 대한 생각보다 자신의 생각이 너무 강해 나에게 어떻게 들릴지에 대해서는 생각하지 못했던 것이다.

반대로 J는 전혀 가볍지 않은 상황임을 알면서 일부러 미소까지 지으며 나에게 다가왔다. 그것은 무거운 내 마음을 조금이라도 가볍게 해주기 위한 그녀만의 방법이었다. 그렇기에 10년도 넘게 시간이 흘렀음에도 내가 그날의 고마움을 기억하고 있는 것 같다.

사람은 누구나 존중받고 싶어 한다. 그리고 진솔한 사람을 좋아한다. 우리가 사람들과 대화를 할 때 이 두 가지는 굳이 어떤 단어로 표현을 하지 않아도 듣는 사람이 저절로 느끼는 부분이다. 말솜씨가 좋은 사람이 사람들의 마음을 얻는 것은 그저 그 순간일 뿐이다. 그 시간이 지나면 사람들은 그 말재주에 속았다는 생각을 갖게 되고 이후로는 그의 말에 귀를 기울이지 않는다.

사람의 마음을 얻는다는 것은 말솜씨로 되는 것이 아니다. 단 한 마디를 하더라도 그 안에 상대의 마음이 어떨 것 같다는 생각과 자신이 하고 싶은 말을 담아내는 것이 중요하다. 우리는 어떻게 해도 상대가 될 수 없기에 상대의 마음을 완전하게 이해할 수는 없다. 다만 이해하려는 노력을 할 수 있을 뿐이다. 우리가 그 노력을 담아 사람들과 이야기를 한다면 사람들은 우리의 편이 되어 줄 것이다.

248

04 | 모든 인간관계는 대화법으로 바꿀 수 있다

　어떤 사람들은 나에게 대인관계가 참 좋다고 말한다. 하지만 그 속을 들여다보면 솔직히 좋은 인간관계를 형성하면서 살아오지는 않았다. 어수선하고 시끄러운 것을 그다지 좋아하지 않아서 많은 사람들이 모이는 자리는 내가 알아서 피하는 편이다. 회사를 다니면서 내가 제일 싫어했던 것 중의 하나가 회식이었다. 다양한 사람들과 한 자리에 모이는 것까지는 좋지만 너무 어수선해서 듣고 있는 이야기도 무슨 말인지 모르겠고 내가 어떤 말을 해야 할지도 모르겠다. 그래서 그런 자리에 가서 내가 주로 하는 일은 먹는 것이었다.

　이런 나에게 사람들과 잘 어울린다고 말하는 이유는 따로 있다. 나는 한 번 친해지기 시작하면 꽤 오래 그 인연을 가지고 가는 편이다. 한마디로 좁고 깊은 인간관계를 형성하면서 살아왔다. 지금 내 곁에 남아 있는 친구들 대부분은 중, 고등학교 때 만나 지금까지 이어온 인연이고 한 번 회사에 들어가면 퇴사 이후에도 연락을 주고받는 사람이 한두 명 정도 생긴다. 이러다 보니 사람들이 보기에 주변에 사람이 많은 것처럼 보이는 것이다.

내가 사람들과 깊은 인간관계를 형성할 수 있었던 것은 사람들과 잘 어울리는 밝은 성격으로 태어나서가 아니다. 나는 철저한 주변인 이었다. 마치 존재감 없는 인형처럼 내 자리를 지키면 그만인 그런 사람이었다. 그런 내가 주변 사람들을 하나 둘 내 편으로 만들어갈 수 있었던 것은 살아남기 위해서였다. 내 뜻과 무관하게 친구들에게, 선생님들에게 많은 부탁을 하면서 살아가야 했기 때문에 그들의 마음을 얻어야만 내가 살아갈 수가 있었다.

그러면서 누군가 나에게 다가오기를 기다리기만 했던 것에서 벗어나 옆에 앉은 사람들에게 도와달라는 말을 당당하게 할 수 있는 사람으로 변해 갔던 것 같다. 그리고 그 과정에서 내 부탁을 귀찮아하는 사람, 자신보다 모자라서 도와줘야 한다는 우쭐함에 빠지는 친구도 만났고 나보다 시력이 조금 나쁠 뿐 다른 사람들과 다를 것 하나 없는 친구로 받아들이는 이들도 만났다. 그렇게 나도 내 마음을 열어도 되는 사람인지 그렇지 않은 사람인지를 구별해 나갔던 것이다.

내 친구 중에는 나와 이름이 똑같이 아이가 있다. 성만 다르고 이름이 똑같아 우리 둘이 붙어 다니면 사람들이 늘 신기해하고는 했다. 어떻게 이름도 같은 두 사람이 단짝이 될 수 있느냐며 선생님들조차 한 번 더 우리를 쳐다보고는 했었다.

우리가 처음 만난 것은 고등학교 입학식 날이었다. 새로운 학교에서 모르는 친구들과 함께 어떻게 학교생활을 시작해야 할지 기대보다는 걱정이 앞서던 나는 교실에 앉아 처음으로 내 짝이 된 친구를 슬쩍 보았다. 웃음기 없는 무표정한 얼굴로 선생님의 말씀을 듣고 있는 모습이 딱 보기에도 조용한 아이였다.

신생님이 이야기를 마치고 칠판에 필기를 하기 시작했다. 나는 난감했다. 잘 웃고 얼굴빛이 밝은 사람에게는 필기 내용 좀 보여 달라는 한마디를 하기가 그렇게 어려운 일이 아니었다. 그런데 무표정하게 앉아 필기 내용만 바라보고 있는 아이에게는 말을 꺼내는 것이 어쩐지 조심스러웠다. 그래도 나는 내용을 알아야 했기에 용기를 내어 입을 열었다.

"저기, 미안한데 내가 칠판 글씨가 안 보여서 그러는데 필기 내용 좀 보여줄 수 있을까?"

이렇게 말하는데 거절할 사람은 거의 없다는 것을 나는 오랜 경험으로 알고 있었다. 그리고 내 예상대로 그 아이는 고개를 끄덕였다.

"그래. 나도 종이가 없어서 그러는데 한 장만."

친구는 선생님이 적어 놓은 필기 내용을 수첩에 옮기고 자신이 적은 종이를 뜯어낸 후 나에게 건넸다. 나는 순간 당황스러웠다. 적은 내용을 보여 달라고 했는데 자신이 적었던 부분은 뜯어서 가져가 버리면 나는 뭘 보고 적으란 말인가. 그래서 난감하게 수첩을 내려다 본 순간 또박또박 가지런하게 적혀 있는 글자들이 눈에 들어왔다. 그 아이는 같은 내용을 나를 위해 두 번 적었던 것이다.

시간이 많이 흘렀던 어느 날 내가 현아에게 물었다.

"우리 입학식 날 처음 만났을 때 생각나? 그때 내가 너한테 칠판 글씨가 안 보인다고 했잖아. 그때 어땠어? 당황스럽지 않았어?"

"뭐가 당황스러워? 안 보이나 보다 했지. 나도 종이가 없어서 잘됐다 싶었어."

의외로 사람들은 자신의 불편함을 말하는 사람에게 너그럽다. 그리고 말하는 당사자만 눈치를 보고 있을 뿐 듣는 사람은 앞에 있는 사람의 특징 중 하나로, 특별할 것 없다는 식으로 받아들인다.

직장을 옮기고 아직 친해지지 않은 사람들과 식사 자리를 할 때가 있다. 그런 날이면 내가 항상 하는 말이 있다.

"제가 일행을 잘 잃어버려서 그러는데 팔을 좀 잡아도 괜찮을까요?"

이렇게 말하면 사람들은 대부분 당연히 괜찮은 것을 왜 물어보냐는 식으로 팔을 내주고는 한다. 그리고 가까운 거리에서 서로 이야기를 나누다 보면 어느새 친해지게 마련이다. 어느 날은 뒤에서 갑자기 나타나 팔부터 쓱 잡는 사람들도 생겨나게 된다. 소스라치게 놀라는 내 모습을 보면서 같이 놀라는 이들도 있고 재미있어 하는 이들도 있다. 그렇게 또 한 걸음 가까워지는 것이다.

사람이 사람과 어울려 살아가는 것은 너무나 당연한 것인데 그런 것을 힘들어하는 사람들이 많다. 그들에게 내가 해주고 싶은 이야기는 내 앞에 앉은 사람에게 아무런 말도 하지 않고서 판단부터 하지 말라는 것이다. 우리가 우리의 이야기를 스스럼없이 이야기하면 상대도 그것을 아무렇지 않은 일로 받아들인다. 우리가 생각해야 할 것은 말 한마디 해보지 않은 채 먼저 눈치를 보고 알아서 판단하고 있지는 않은가에 대해서이다.

사람들에게 다가가는 것에 있어 말만큼 좋은 것은 없다. 많은 사람들에게 인기가 좋은 이들을 보면 일단 말을 잘한다. 어느 누구와 있든지 아무런 거리낌 없이 그들에게 다가간다. 그리고 그들은 누군가 먼저 자신에게 다가오기를 기다리지 않는다. 자신이 먼저 다가가 친근하게 말을 건네고 서로 이야기를 나눌 수 있는 분위기로 이끈다.

그렇다고 그들이 달변가인 것은 아니다. 특별하게 어떤 대화의 기술을 가지고 이야기를 하는 것 같지는 않다. 마치 그렇게 말을 잘하는 사람으로 태어난 것처럼, 사람들과 잘 어울리는 것을 타고난 것처럼 보인다.

그 이유는 그들은 솔직하다. 자신의 단점이라 할 수 있는 것들도 '그것도 내 모습인데 어떻게 하겠냐.'는 식으로 말을 한다. 단점을 장점 말하듯 당당하게 표현하는 것이다. 이런 모습은 사람들의 눈살을 찌푸리게 만들기보다 스스로를 숨김없이 내보이는 사람으로 보이게 한다. 그렇다보니 그들의 진솔함에 사람들이 빠져들게 되는 것이다.

게다가 그들은 표현력이 좋다. 다소 기분 나쁜 소리를 하면서도 상대의 기분이 나쁘지 않게 표현을 한다. 자신의 단점을 이야기할 때와 마찬가지로 '그것도 너의 모습인데 어떻느냐.'는 식이다. 사람들은 그런 그들의 말을 들으면 화를 내기보다는 그 말에 순응을 하게 된다.

말도 결국은 연습이다. 우리가 일상에서 하루도 빠짐없이 사용하는 것이기에 사람들은 따로 배우지 않아도 된다고 생각한다. 하지만 그렇게 우리 주변에 흔하게 있는 것이기에 더 많이 신경을 써야 한다.

하고 싶은 말을 하면서 다른 사람의 눈치를 볼 필요는 없다. 때로는 숨기고 싶은 모습이라 할지라도 대놓고 이야기해도 된다. 그것이 '나'라는 사람인데 굳이 숨겨야 할 이유가 없는 것이다. 우리가 사람들 앞에서 당당할 수 없는 것은 우리 마음 한 구석에 스스로에 대해 감추고 싶은 마음이 있어서일 때가 많다. 그런 것 하나 없이 잘못했으면 잘못했다고, 부족하면 부족하다고 당당하게 말하면 그뿐이다.

그리고 그런 말을 하기 위해서는 많은 노력이 필요하다. 내가 하고 싶은 말을 어떤 표현으로 이야기하면 사람들이 더 친근하게 받아들일 수 있을지 늘 고민해 보아야 한다. 나의 마음을 적절한 표현으로 진실하게 이야기할 때 우리의 인간관계는 지금의 모습에서 훨씬 발전된 모습으로 달라질 것이다.

중국의 역사를 보면 원나라의 황제 중에서 유일하게 한족의 인정을 받은 사람이 있다. 원나라의 제5대 황제인 쿠빌라이 칸이다. 그는 후손들에게 나라의 틀을 만들고 지속적인 통치 시스템을 완성하였다는 평가를 받는다.

쿠빌라이가 주변국들과 치렀던 많은 전쟁들 중에서 전법이 독특했던 전쟁이 있다. 그는 원나라를 오랑캐로 여기며 자신이 보낸 사신을 무시하고 홀대하는 남송을 정복하기 위해 대규모 원정군을 이끌었다. 상양과 번성을 1차 목표지로 잡고 두 도시를 포위하고 에워싸는 수로를 팠다. 그리고 거기서 나오는 흙으로 도시 주변에 긴 장벽을 쳤다.

그는 이렇게 포위만 하고 공격은 하지 않았다. 10만 명의 군사가 주둔한 채 시간이 흐르자 그곳에 장터가 생기고 무역이 시작되면서 또 하나의 도시로 변모해 갔다. 게다가 성을 나와 항복하는 송나라

군사를 극진히 대접하여 돌려보내고 성에 군량미까지 보내 주었다.

당시 결사 항전을 각오하고 처자식까지 성 밖으로 내보냈던 남송의 장군은 문관들의 공격을 받기 시작했다.

"왜 몽골군을 격퇴하지 못하는 것이요? 장군이 역심을 품은 것이 아니면 왜 이러고만 있단 말입니까?"

장군은 깊게 고민한 끝에 쿠빌라이에게 투항을 했다. 그리고 그는 쿠빌라이의 진영에서 자신이 성 밖으로 내보냈던 가족들을 만나게 되었다. 자신의 가족들을 쿠빌라이가 보호해 주었다는 사실을 알게 되자 진심으로 그의 충신이 되었고 남송 진격의 선봉에 섰다. 그렇게 쿠빌라이의 군대는 행군만 하고 남송의 장수들은 스스로 투항하며 성 문을 활짝 열어 젖혔다. 결국 이 전쟁은 피를 흘리지 않으면서 적을 내 편으로 만든 전쟁이 되었다.

전쟁이라는 단어를 생각하면 나는 자연스럽게 붉은 피를 떠올리게 된다. 그런데 쿠빌라이는 남송을 정복하기 위해 10만 대군을 이끌고 가서는 피 한 방울 흘리지 않고 그들을 자신의 신하로 만들었다. 그것은 사람들의 마음이 움직일 때까지 기다렸던 인내심도 있지만 상대를 존중하는 마음 때문이 아니었나 싶다.

원나라를 오랑캐로 여기며 무시하고 홀대했던 송나라였지만 그는 성에 쌀이 떨어지면 쌀을 보내 줄 정도로 그들의 생명을 존중해 주었다. 그리고 자신의 고뇌에는 신경도 쓰지 않은 채 역심을 품은 것이 아니냐며 몰아붙이는 문관들에게 장군은 실망하고 지쳤을 것이 분명

하다. 더욱이 상대의 진영에서 다시는 만나지 못할 줄 알았던 가족까지 만났으니 충심을 갖지 않을 수 없었던 것이다.

쿠빌라이는 이렇게 비록 적국이기는 하지만 그 나라의 사람들을 존중해줌으로써 남송의 인정을 받을 수 있었다. 훗날 한족이 유일하게 원나라의 황제 중 쿠빌라이 칸만 인정했던 이유도 바로 이것이었다. 그가 먼저 남송 민족을 존중해 주었기 때문에 남송 역시 쿠빌라이 칸을 자신들의 새로운 왕으로 받아들일 수 있었던 것이다.

우리가 사람들과 대화를 할 때도 이와 마찬가지이다. 우리가 먼저 상대를 존중해 주면 그들 역시 우리를 존중해줄 수밖에 없다. 우리는 대접받기를 원하면서 다른 사람을 그렇게 대하지 않는다면 그것은 놀부 심보와 같다고 나는 말하고 싶다.

놀부는 동생 흥부의 행운이 부러워 제비의 다리를 일부러 부러뜨린다. 그러고는 제비가 자신에게도 박 씨를 물어다 주자 그 안에 금은보화가 있기를 바란다. 남에게 존중받는 것만을 원하는 사람들은 그렇게 욕심 많은 놀부와 다를 것이 없다. 그러다 결국 놀부가 벌을 받았던 것처럼 그들 역시 존중보다는 무시를 당하게 된다.

내가 카드사에서 아르바이트를 했을 때의 일이다. 나는 가맹점과 관련된 부서에서 일을 했었다. 그곳에서는 카드사와 가맹을 맺기 위해 찾아오는 사업자들의 서류를 받아 가맹점 번호를 발급해주는 일이 내가 주로 하는 업무였다. 그런데 가맹점 접수를 해주는 것보다 더 많이 했던 것이 전화 업무였던 것 같다.

가맹점 서류 접수는 사업자가 직접 하기도 하지만 카드 단말기 회사에서 대행해주는 경우가 대부분이다. 그러다 보니 서류를 접수해 놓고 얼마 지나지 않아 전화를 건다. 그리고는 이미 영업을 하는 가게이니 빨리 가맹점 번호를 발급해 달라고 재촉하기 일쑤였다. 심지어 서류에 '긴급'이라는 글자를 써놓고 접수함이 아닌 직원들 책상에 올려놓고 가 버리는 경우도 적지 않았다. 그러면 나는 보란 듯이 접수함에 서류를 넣어 버렸다.

"가맹점 번호 언제 나와요? 왜 항상 여기만 이렇게 늦어요?"

하루에도 수차례 이런 불평을 듣다 보면 생기지 않았던 짜증도 저절로 밀려든다. 그러다 보니 늘 신경이 날카로운 상태가 되는 것이다. 콜센터는 아니었지만 매일 전화를 받는 상담사들이 얼마나 힘든 일을 하는지 그때 나는 절실하게 깨달았다.

"번호 오늘 오후에 나올 거예요. 오후에 확인해 보시면 되세요."

불친절한 전화에는 나도 똑같이 불친절하게 대답해 주었다. 그러다 보니 점점 악순환의 연속이었다. 나는 이 악순환에서 벗어나고 싶었다. 그래서 시간이 조금 더 걸리더라도 서류의 식별이 어려운 것에 대해서는 메모를 달아서 심사팀에 넘겨주고는 했었다.

"어떻게 빨리 좀 안 될까요? 저희도 아주 미치겠어요. 사장님이 자꾸 전화를 해서 아주 일을 할 수가 없을 지경이에요."

어느 날인가는 단말기 회사 직원이 이렇게 하소연을 했다. 나는 이 사람들도 얼마나 힘들면 나에게 이런 소리를 하고 있을까 하는 생각이 들었다. 그래서 그날은 특별히 서류를 정말로 긴급으로 처리해 주었다. 한 번 해주면 계속해서 부탁을 하고 나중에는 그것이 당연하다고 생각하는 사람들이 많기 때문에 내가 제일 해주지 않는 일 중의 하나였지만 어쩐지 그 사람의 하소연에 마음이 뭉클해졌다.

그 일이 있은 후 나도 전화 받는 스타일이 달라지기 시작했던 것 같다.

"번호 언제 나와요? 왜 이렇게 늦어요?"

"저희가 지금 서류가 밀려 있어서요. 이거 지금 접수 중이시니까 내일 오전까지 나올 거예요. 그때까지 내드릴게요."

이렇게 대답하기 시작하면서 단말기 회사 직원들의 태도도 달라지기 시작했다. 전화를 걸어 다짜고짜 가맹점 번호에 대해서만 말하던 사람들이 "수고 많으십니다."와 같은 말을 붙이기 시작했다. 화면을 조회하는 과정에서 잠시 기다리는 시간이 생기면 서류가 흐리게 접수되어 혹시 다시 첨부를 해야 하냐고 먼저 물어오기도 했다. 심지어 어떤 사람은 자신도 이 회사의 카드를 사용하고 있는데 어떤 것이 괜찮으냐고 물어 나를 당황스럽게 만든 적도 있었다.

내가 딱히 그들을 존중해준다거나 대접을 해준다는 느낌으로 말하는 방식을 바꿨던 것은 아니다. 그동안 나를 귀찮게 하는 성미 급한 사람들이라는 느낌에서 벗어나 어쩌면 나처럼 누군가에게 독촉받으며 힘들어하는 사람들일 수도 있다는 생각을 가지고 이야기를 했던 것뿐이다. 그런데 그들의 태도가 달라지기 시작했다.

그것은 그동안처럼 전화를 빨리 끊어버리고 싶다는 내 마음이 느껴지지 않았기 때문이 아니었을까 한다. 그러면서 그들도 조금씩 나와의 통화가 편안해졌던 것 같다. 그것은 나도 마찬가지였다. 그들과 대화를 나누기 시작하면서 낯익은 목소리가 들리면 반갑게 서로 인사를 나누고는 했었다.

사람은 누구나 좋은 대접을 받고 싶어 한다. 즉 다른 사람들에게 존중받기를 원한다. 우리가 다른 사람을 먼저 존중할 줄 알아야 하는 이유도 여기에 있다. 우리가 누군가에게 대접받고, 존중받고 싶은 것처럼 누군가도 우리에게 그런 대우를 받고 싶을 것이기 때문이다.

위에서도 이야기했지만 자신은 존중받기를 원하면서 다른 사람을 무시하는 것은 욕심 많은 놀부와 다르지 않다. 제비가 놀부에게 박 씨를 물어다 주었고 그것을 자르기 전까지 그는 꿈에 부풀어 있었다. 자신도 흥부처럼 될 것이라 여겼다. 하지만 그에게 돌아온 것은 벌이었다.

상대를 대접해주지 않는 사람을 다른 사람들이 무시하고 싫어하는 것이 겉으로는 표현되지 않을 수 있다. 하지만 어느 순간 자신의 주변에 마음을 나눌 만한 사람이 존재하지 않다는 것을 느끼게 되기 마련이다. 오늘부터는 내가 먼저 인사를 하고 내가 먼저 한 걸음 다가서는 것은 어떨까? 나의 달라진 모습 속에서 사람들은 변화를 느낄 것이고 그 변화는 진심으로 자신을 존중해주는 사람들의 마음으로 되돌아 올 것이다.

11월 초의 어느 일요일 아침이었다. 밤이 점점 길어지기 시작하면서 아직 아침 해가 떠오르지도 않았을 새벽이었다. 엄마는 어디로 갔는지 알 수 없고 아빠는 급하게 겉옷을 걸치고 밖으로 뛰어 나갔다. 그리고 거칠게 문이 열리며 둘째 언니가 거실로 나왔다.

"막내 어디 있어? 막내야, 일로 와."

그러더니 언니는 막내 동생을 들쳐 업고 집 밖으로 뛰어 나갔다. 초겨울의 새벽바람에 겉옷도 없이 계단과 계단 사이가 널찍하게 뚫려 발이 빠질 것 같은 철계단을 뛰어 내려갔다. 철계단의 마지막 칸에서 내려섰을 때 눈앞에는 온 집안을 가득 채운 주홍빛 불꽃이 천장을 향해 치솟고 있었다. 대문으로 가기 위해서는 그 불꽃을 정면으로 마주하고 돌계단을 내려와 왼쪽으로 나 있는 5개 정도의 좁은 계단을 한 번 더 내려와야만 했다. 그대로 발이 묶인 듯 보였던 언니는 동생에게 말했다.

"괜찮아. 언니 있으니까 무서워하지 마. 괜찮아. 막내야."

그렇게 말하며 그녀는 금방이라도 자신을 향해 달려들 것 같은 불길을 정면으로 마주한 채 망설임 없이 돌계단을 뛰어 내려갔다. 초겨울의 찬바람을 한순간에 없애버릴 정도로 거세게 몰아붙이는 화기에도 아랑곳없이 그녀는 대문을 향해 내달렸다.

"엄마 나 한 번만 안아 보면 안 돼요?"

이제 초등학교에 들어간 아이는 아직 걷지도 못하는 동생이 신기한지 엄마에게 말했다. 엄마는 아이의 마음을 알면서도 고개를 저었다. 아직은 저 작은 손에 동생을 맡길 수가 없었다. 그리고 등에 업혀 있던 아이가 잠든 것을 확인하고 이불 위에 딸아이를 눕혔다. 비벼놓고 아직 널지 못한 빨래가 산더미였다.

"엄마 빨래 널고 올 테니까 동생 깨면 엄마 불러."

이렇게 말하고 엄마는 빨래 널기 위해 옥상으로 올라갔다.

"애기 엄마! 애기 엄마! 큰일 났어. 빨리 내려와 봐!"

아직 다 널지 못한 빨래를 남겨놓은 채 옆 집 아주머니의 목소리에 엄마는 옥상에서 내려왔다. 그리고 눈앞에 펼쳐진 모습에 할 말을 잃었다. 이불 위에 눕혀놓았던 어린 딸은 마당 시멘트 바닥에 있었고 큰 딸은 그 옆에서 하얗게 얼굴이 질려 엄마를 바라보고 있었다.

이 두 이야기 모두 나와 둘째 언니의 이야기이다. 내가 돌이 지나기 전 언니는 아기인 내가 신기했던 것 같다. 그래서 한번 만져보고도 싶고 안아보고도 싶었지만 부모님은 그것을 허락하지 않았다. 그래서 엄마가 빨래를 널기 위해 자리를 비운 사이 나를 들쳐 업었던 것이다. 엄마가 늘 그렇게 했던 것처럼 똑같이 동생을 업고 마당을 걸어 다녔다.

그런데 아이를 처음 업다 보니 엉덩이를 제대로 받쳐주지 못하면서 등에 업혀 있던 나는 그대로 뒤로 떨어지고 말았다. 그러면서 마당 시멘트 바닥에 머리를 부딪혔고 그때 손상된 시신경으로 인해 성장을 하면서도 시신경만은 어린아이 상태 그대로 남게 되었다.

나는 여덟 살에 시력 교정 수술을 받았다. 그전까지는 눈동자가 많이 흔들렸다고 한다. 엄마 말에 따르면 한쪽 무릎 낳을 때쯤 되면 반대쪽 무릎 다쳐오고 한쪽 팔꿈치 낳을 때쯤 되면 다른 쪽 팔꿈치 다쳐서 오는 것이 일이었다고 했다. 그 정도로 많이 넘어지고 다니면서도 나는 동네방네 잘도 뛰어다녔던 것 같다. 큰 길에서 만난 커다란 개 한 마리한테 종아리를 물렸던 기억이 있는 걸 보면 말이다.

내가 돌이 지나기도 전에 있었던 일을 비교적 자세하게 알고 있는 것은 아마도 누군가 대화하는 것을 귀동냥으로 들었던 것이 아닌가 싶다. 나에게 직접적으로 내가 다친 상황에 대해서 이야기한 사람은 아무도 없었다. 그런데 어느 순간 그 내막을 알게 되었다. 정확한 기억이 없는 걸 보면 확실히 부모님이 이야기하신 것을 우연하게 듣게 된 것이라 나는 추측한다.

초등학교 5학년 혹은 6학년 때쯤 언니와 나의 사건을 전부 다 알게 되었던 것 같다. 왜냐하면 나는 둘째 언니에 대한 반항심이 많았기 때문이다. 그래서 어린 마음에 언니에게 화가 나면 이런 생각도 했었다.

'언니가 나 이렇게 만들었잖아.'

무뚝뚝한 성격에 가족보다는 친구가 우선이고 어찌나 내 일에 대해서는 간섭을 그렇게 하는지 꽤나 귀찮고 싫어했던 것 같다. 내 나이 이제 서른을 바라보고 있는 지금도 우리 언니와 같이 살고 있었다면 언니는 밤 10시가 넘는 순간 나에게 전화할 사람이다. 그리고 왜 이렇게 오지 않는지, 누구와 어디에 있는지 확인할 것이라고 나는 확신한다. 내가 다행이라고 생각하는 것은 언니에게 아이가 생기면서 요즘은 언니의 관심에서 조금 밀려났다는 사실이다.

언니에 대한 원망 어린 시선이 달라지기 시작한 것은 중학교 시절부터였던 것 같다. 나는 '불'이라는 단어를 들으면 공포가 먼저 생긴다. 내 눈 앞에서 천장으로 치솟는 불길을 보았던 초겨울 아침이 떠오르고는 한다. 그래서 지금까지 라이터나 성냥불을 켜지 못할 정도로 불을 무서워한다.

언니의 등에 업혀서 앞도 제대로 못 보는 내가 그렇게 두려워했는데 우리 언니는 겁도 없이 자신에게 밀려오는 화기에도 눈 하나 깜짝하지 않고 대문을 향해 내달렸다. 언니가 밉고 원망스러울 때면 그날의 기억이 동시에 떠올랐다. 다급하게 나를 찾던 언니의 목소리가 내 귓가에 다시 들리는 것 같았다. 그래서 원망하고 있는 내 자신이 그렇게 미워 보일 수가 없었다. 결론적으로는 내가 내 마음 편하고 싶어서 언니에 대한 원망이나 미움을 지워나갔던 것이다.

속 모르는 사람들은 다 큰 언니가 동생 데리고 나간 것이 뭐 그리

놀랄 일이냐고 말할 수 있다. 하지만 그 당시 우리 언니의 나이 고작 열일곱 살이었다. 자신의 몸 하나 챙기기에도 급급한 어린 여고생이 열 살짜리 동생을 업고 발이 쑥쑥 빠지는 철계단을 뛰어 내려간다는 것은 결코 쉬운 일이 아니다. 어른들도 벌벌 떨면서 불길 옆으로 지나갈 엄두도 내지 못하고 있었다. 그런데 우리 언니는 나를 업고 그 길을 지나왔다.

내가 여고생 시절을 겪으면서 언니가 했던 그 일이 얼마나 어려운 일이었는지를 제대로 알게 되었다. 나는 그 나이에 내 몸 하나 챙기기도 바빴다. 옆에 있는 사람들 돌아볼 여유는 더더욱 없었다. 더욱이 자신이 다칠 수도 있는 그런 상황 속에서 아마도 나였다면 도망칠 엄두도 내지 못하고 발발 동동 구르고 있었을 것이다.

그렇게 내 사고에 대해서는 모두가 알고 있는 공공연한 비밀이 되었다. 특히 언니와 나는 그 일이 무슨 판도라의 상자라도 되듯 서로 입 밖에 담지를 않았다. 마치 그 말을 꺼내기라도 하면 무슨 큰 재앙이라도 생길 것처럼 그렇게 우리는 서로 그 일에 대해서는 모르는 사람들처럼 살았다.

그러던 어느 날 우연히 찾아간 철학원에서 이런 말을 했다.

"돌 지나기 전에 죽을 뻔했네. 그때 안 그랬으면 열 살도 못 넘겨 죽었어요. 단명할 운이 있네."

심지어 길을 지나가던 도를 닦는다는 어떤 아저씨는 이렇게 말하기까지 했다.

"아가씨 지금까지 어떻게 살아 있어? 벌써 죽었어야 할 사람이."

이런 말들을 곧이곧대로 믿지는 않는다. 하지만 두 번이나 그 말을 듣고 나니 '어쩌면.'이라는 생각이 생겼다. 그리고 그것이 사실이건 아니건 그런 것은 중요하지 않았다. 언니와 나 사이에 있는 판도라의 상자를 깰 수만 있으면 충분했다. 더 이상 우리 둘 사이에 말 못할 어떤 사건을 남겨놓고 싶지 않았다. 그렇게 서로 불편한 채로 더이상은 지내고 싶지 않았다.

그래서 가족들과 이야기를 하다 우연히 어린 나이에 단명한 사람들에 대한 이야기가 나왔을 때 나는 이때가 기회라는 생각이 들었다. 그래서 굳게 마음을 다잡고 말했다.

"언니, 나도 언니가 안 떨어뜨렸으면 죽었대. 어떤 아저씨가 지나가다가 나보고 어떻게 살아 있느냐고 하더라고?"

잠시 동안 집 안에 아무도 없는 것처럼 조용해졌다. 누구 하나는 언젠가 한 번은 꺼내야 할 말이라면 내가 하는 것이 낫겠다 싶었다. 그래서 나는 평소와 똑같이 말하려 최대한 노력했다. 그리고 그런 내 마음을 읽었는지 언니도 입을 열었다.

"야, 내가 너 한번 안아보고 싶어서 엄마한테 말하면 자꾸 안 된다고 하는 거야. 내가 너 그렇게 되고……."

언니는 방으로 들어가 버렸다. 나도 더 이상 목이 메어 거실에 있을 수 없었다. 그래서 나 역시도 내 방으로 들어왔다. 내 뒤를 따라 들어온 셋째 언니는 방바닥에 주저앉아 눈물을 참지 못하는 나를 안아주며 말했다.

"잘했어."

나중에 큰언니를 통해 들은 이야기로는 둘째 언니 역시 방으로 들어가 한참을 울었다고 한다. 그러면서 말했다고 한다.

"언니, 나 더 이상 안 미안해도 되는 거지?"

지금 이 글을 쓰고 있는 나도, 후에 이 글을 읽을 우리 언니도, 우리는 그날처럼 또 각자의 공간에서 한참을 울게 될 것이다. 그럼에도 내가 이 이야기를 지면에 옮기는 이유는 우리 언니가 이렇게 대단하다 자랑하기 위함도, 내가 이렇게 다쳤다 하소연하기 위함도 아니다. 단지 언니에게 이 말을 해주고 싶을 뿐이다.

"응. 언니는 할 만큼 했어."

07 | 말만 바꾸어도 인생이 변한다

"현아 씨도 참 짜증이 많아. 그런데 그러다 보면 현아 씨도 힘들고 보고 있는 사람도 지친다."

내가 스무 살이 되었을 때 누군가 나에게 해주었던 말이다. 그 말을 들을 때는 '짜증 나는 걸 어쩌라고.' 이런 마음으로 그냥 흘려들었었다. 그런데 요즘 들어서 그 말이 자주 떠오른다. 내가 정말 다른 사람들보다 예민한 성격을 가지고 있다는 생각이 들 때가 종종 있다. 심지어는 10년이 넘은 친구 두 명에게 이렇게 물은 적도 있었다.

"나 잘 봤으면 책상에 물건 놓으면서 각 재고 내가 해놓은 대로 안 되어 있으면 막 짜증부리고 그럴 것 같지 않냐?"

그 말에 두 명의 친구는 대놓고 긍정했다. 정말 망설임 없이 그럴 거라고 말하는 것도 놀라운데 지금 그러고 있지 않느냐고 되묻는 모습은 말 그대로 충격이었다.

나는 할 수 있는 것보다는 내가 하기 힘들거나 할 수 없는 것들에 대해서 먼저 배웠다. 유치원에 다닐 때 태권도만 보아도 그랬다. 나는 하고 싶었지만 어른들의 시선에 위험하다는 이유로 내 의사와 상관없이 배울 수가 없었다. 어쩌면 그것에 대한 반항심이었는지도 모른다. 내가 하고 싶은 것은 꼭 해내고 말겠다는 나의 아집이 생겨난 것은.

내가 만들어 놓은 아집 속에서 나는 견디기 힘들어했던 것 같다. 겉으로는 아무렇지 않아 보이고 나 자신도 알아차리지 못하고 있었지만 자주 사용하는 표현들을 생각해 보면 내가 전혀 괜찮지 않았다는 것을 알 수 있다. 나는 '힘들어.', '죽을 것 같아.', '짜증 나.' 이런 말을 상당히 많이 사용한다. 무엇인가 정말로 힘들어서가라기보다는 이제는 입에 배어서 나도 모르는 사이에 그런 말들이 흘러나오고 있다.

요즘 들어서 내가 나의 성격이나 말 습관에 대해서 생각을 해보게 되는 것은 예전에는 들리지 않았던 나의 말이 언젠가부터 들리기 시작했다. '짜증 나.'라고 입 밖으로 내는 순간 동시에 드는 생각은 '아차! 또!'이다. 그러면서 고치고 싶다는 마음이 저절로 생겨난다.

여자친구와의 환상적인 여행을 준비한 K는 자동차에 여행 가방을 실으며 콧노래가 절로 나왔다. 자신이 짜 놓은 완벽한 여행 코스와 오늘 저녁에 있을 이벤트까지 모든 것이 여자친구가 좋아할 것들뿐이었다. 이번 여행에서 돌아올 때에는 여자친구가 자신에게 푹 빠져 있을 것이라는 확신이 생겼다.

"야, 똥차! 너 오늘은 속 썩이면 안 된다. 오늘도 속 썩이면 너 진짜로 폐차시킬 줄 알아."

K는 자신의 오래된 자동차의 핸들을 툭 치며 말했다. 외근이 많은 그는 차를 타고 여러 지역을 다니는 일이 많았다. 그런데 그때마다 이 똥차가 꼭 속을 썩이고는 했다. 갑자기 길에서 멈춘다든지, 다른 차들은 잘만 지나가는 길에서 타이어에 펑크가 난다든지 하는 일이 참 많았다. 그래서 불안한 마음을 숨기지 못하고 K는 자신의 자동차에게 이렇게 말한 것이었다.

경고를 알아들었는지 자동차는 평소보다 부드럽게 시동이 걸리며 앞으로 쭉 달려 나갔다. 여자친구의 집 앞에서 그녀를 태우고 그들의 달콤한 여행지를 향해 즐겁게 출발했다.

"바쁘다니까 굳이 여행을 가자고. 나 잠깐 잘게. 도착하면 깨워줘."

언제나 그녀는 이런 식이었다. K가 이번 여행을 준비한 이유도 이런 그녀의 마음을 완전하게 사로잡기 위해서였다. K는 심드렁한 모습을 보는 것도 이 순간이 마지막이라고 생각하며 고개를 끄덕였다. 그리고 자신이 준비해 놓은 펜션을 향해 열심히 차를 몰았다.

조수석에 앉아 잠들어 있는 여자친구의 손을 잡고 대천 앞바다를 거닐 생각을 하며 콧노래까지 부르던 K는 덜커덩하는 진동과 함께 차가 갑자기 멈춰 서는 것을 느꼈다. 진동이 어찌나 컸는지 곤히 자고 있던 여자친구가 눈을 번쩍 떴다.

"무슨 일이야?"

"어? 어. 차가 좀 멈춰서. 괜찮아. 내가 얼른 보고 올게. 잠깐만 기다려."

당황스러움과 불길함을 동시에 느낀 K는 차에서 내려 자신의 똥차의 이곳저곳을 살펴보았다. 타이어도 멀쩡했고 앞 범퍼도 열어 보았지만 어떤 문제인지 알 수가 없었다.

"너 진짜 오늘까지 이러기냐? 도대체 넌 나한테 왜 그러냐? 이 똥차야. 너 당장 폐차시켜 버릴 테니까 각오해."

그는 차에 대고 혼자서 계속 중얼거렸다. 차에 탔다가 내렸다가를 반복하는 K를 보다 못한 여자친구는 결국 조수석에서 내려 그의 곁으로 다가왔다.

"무슨 일인데? 너는 여행 가면서 차도 정비 안 했어? 길에서 이게 뭐야."

"아니, 그게 했는데. 했는데 왜 이러는지 모르겠네."

진땀을 흘리는 K의 마음과는 상관없이 여자친구는 짜증을 참지 못하고 말했다.

"아, 됐어! 여행은 무슨 여행. 네가 하는 일이 다 그렇지. 뭘 자꾸 보고만 있어. 네가 본다고 뭐 알아? 보험회사에 연락이라도 좀 해!"

결국 K는 꿈에 부풀었던 여행을 뒤로 한 채 견인차에 실려 서울로 돌아오고 말았다.

우리도 K 같은 경험을 한 번쯤은 해보았을 것이다. 꼭 자동차가 아니더라도 시험 보는 날 아침에 겉옷 단추가 떨어진다든지 데이트를 위해 예쁘게 치려 입었는데 길에서 넘어져 옷이 엉망이 된다든지 하는 일들 말이다.

그런 일이 우리에게 일어나기 전을 잘 생각해 보면 우리가 말로써 먼저 유사한 이야기를 한 경우가 대부분이다. 말은 에너지이기 때문에 우리 입에서 나오는 순간 공기 중으로 사라지지 않는다. 우리가 했던 말의 흔적이 어디엔가 남게 되는 것이다. 그래서 말이 씨가 된다는 속담도 있지 않은가.

우리가 긍정적인 표현을 사용해야 하는 이유도 여기에 있다. 위에서도 이야기했지만 나는 '힘들어.', '짜증 나.', '죽을 것 같아.'와 같은 표현을 자주 사용하는 편이었다. 그런 표현을 사용할 때는 아무것도 아닌 일에도 혼자서 마음이 욱하여 화가 났다. 그리고 정말로 내가 감당하기에 어려운 일들이 자꾸만 내 업무가 되어 밀려오고는 했다. 게다가 죽을 것 같다는 말이 현실이 되려는 듯 몸이 아파서 장기간 치료를 받기도 했다.

내가 그런 말들을 의도적으로 쓰지 않으려 노력하면서 요즘에는 점점 그 표현들에서 자유로워지고 있다. 그러면서 짜증 났던 일에서 다른 곳으로 시선을 돌려 내가 좋아하는 일을 시작하게 되었다. 예전 같으면 회사에 다니느라 힘들어서 못 한다던 글 쓰는 일도 지금은 이렇게 하고 있다. 또 어느 순간부터는 힘든 일을 피해가거나 어려운 일이 다가왔을 때도 '나는 잘할 수 있어!'라는 생각을 하게 되었다. 그런 생각으로 업무를 시작하면 금세 일이 끝나 있고는 한다.

만약 K가 여행을 출발하기 전 자신의 자동차를 똥차라고 부르며 속 썩이면 폐차시킨다고 말하지 않고 이렇게 말을 했다면 어땠을까?

"오늘 잘 부탁한다. 내 여행은 너한테 달린 거 알지? 잘 부탁해."

이렇게 말했다면 K가 준비한 여행은 아무런 문제가 없었을 것이고 여자친구의 사랑을 듬뿍 받았을 수도 있다. 그런데 K는 자신이 했던 말로 인해 여행도 가지 못하고 여자친구에게는 보여주지 않아도 될 모습을 보여주고 말았다.

이제는 우리의 말을 바꾸어야 할 때이다. 스스로에게 변화를 주고 싶다면 자신이 하고 있는 말부터 바꾸어야 한다. 말은 내가 하고 있는 생각을 바탕으로 입 밖으로 나오기 마련이다. 그리고 그것은 에너지가 되어 우리 앞에 어떤 형태로든 나타나게 된다. 지금 살아가는 내 모습에서 벗어나 새로운 모습으로 달라지고 싶은가? 그렇다면 지금 자신이 사용하고 있는 말부터 한번 살펴보기 바란다. 스스로의 말이 조금씩 달라지기 시작할 때 여러분의 모습도, 미래도 달라질 것이다.

마을에서 최고로 돈을 많이 가진 부자가 살고 있었다. 어느 날 그에게 가파치 한 사람이 찾아왔다.

"어르신, 제가 급한 사정이 있어서 그러는데 천 냥만 빌릴 수 있을까요?"

부자는 빌려주어야 할지 말아야 할지를 잠시 고민했지만 마을에서 가장 성실하다고 소문이 난 사람이었기에 그에게 돈 천 냥을 내주었다. 그리고 며칠 후 또 다른 한 사람이 부자를 찾아와 돈을 빌려달라고 했다. 마을에서 가장 게으르기로 소문이 난 사람이었다. 하는 일이라고는 도박과 술 마시는 것밖에 없는 사람이었다. 그는 부자를 보자마자 말했다.

"천 냥만 빌려 주시오."

마치 언젠가 찾으러 오겠다고 미리 맡겨놓은 돈이라도 있는 듯 게으름뱅이는 당당하게 말했다. 부자는 이번에도 빌려주어야 할지 말아야 할지를 고민했다. 하지만 한 마을에 살면서 게으르다는 이유로 빌려주지 않는 것이 어쩐지 인정 없어 보여 그는 천 냥을 내주었다.

시간이 흘러 돈을 갚기로 한 날짜가 다가왔다. 그런데 부자에게 돈을 빌려간 가파치와 게으름뱅이 모두 아무런 소식이 없었다. 부자는 조금 더 기다려 보기로 했다. 하루, 이틀이 지나 돈을 갚기로 한 기한이 며칠이 지났음에도 두 사람은 여전히 찾아오지 않았다. 결국 부자는 화가 나서 자신이 직접 돈을 받으러 가기로 마음을 먹었다. 그는 먼저 게으름뱅이의 집을 찾았다.

"계시오! 아무도 없소?"

부자는 집 안으로 들어서며 사람을 불렀다. 방 앞에 신발이 놓여 있는 것을 보아 사람이 있는 것 같았다. 그리고 잠시 후 게으름뱅이가 방 문 사이로 얼굴을 내밀었다. 그는 대낮부터 술을 마셨는지 얼굴이 시뻘겋게 달아올라 있었고 혀 꼬부라진 소리로 말했다.

"무슨 일이오?"

"돈 갚을 기한이 지났는데 오지를 않아 내가 왔소. 돈 주시오."

"쳇! 그깟 천 냥 가지고 유세 떨기는. 지금 없소. 돈 생기면 갚겠소."

게으름뱅이의 말에 부자는 화가 더 치솟았다. 기한을 넘긴 것도 모자라 그깟 돈이라고 말하며 없다는 말을 너무도 당당하게 하는 모습에 어이가 없었다.

"그럼 이자를 붙이겠소. 이자와 함께 갚으시오. 만약 돈을 갚지 않으면 관가에 신고할 테니 알아서 하시오!"

"마음대로 하시오. 그깟 돈 몇 푼 가지고 유세는."

부자의 으름장에도 눈 하나 깜짝 않고 방 안으로 들어가 버리는 게으름뱅이의 모습에 그는 아예 할 말을 잃었다. 그는 이자를 비싸게 쳐서 받아야겠다고 생각하며 가파치의 집으로 걸음을 옮겼다.

"계시오! 누구 없소?"

가파치의 집에 들어서며 부자가 말했다. 집이 비었는지 방 앞에는 신발 한 켤레 놓여 있지 않았다. 부자는 다음에 와야겠다는 생각으로 뒤를 돌았다. 그때 멀리서 걸어오는 가파치의 모습이 보였다.

"아이고! 어르신, 여기까지 어쩐 일이십니까?"

정중하게 인사하며 말을 건네는 가파치의 얼굴에 미소가 번졌다.

"어쩐 일이긴, 돈을 갚지 않아 왔소. 기한이 지났는데 왜 돈을 갚지 않는 것이오? 내가 이자를 붙여야 하는 것이오?"

"아이고. 죄송합니다. 어르신. 제가 아직 천 냥을 갚을 처지가 못 돼서 찾아뵐 염치가 없어 가지를 못했습니다. 제가 가서 사정을 말씀드렸어야 했는데 죄송합니다. 빌려주신 은혜는 꼭 잊지 않고 이자를 쳐서라도 갚을 것이니 조금만 더 기다려 주실 수 없으실까요?"

게으름뱅이와는 너무도 다른 모습에 부자는 툴툴거린 것이 미안해지기까지 했다. 진심으로 미안함과 고마움을 전하는 가파치의 모습에 마음이 너그러워진 부자는 어쩔 수 없다는 듯 말했다.

"알겠소. 기한을 더 드리리다. 돈이 없는 것을 쥐어 짤 수도 없는 노릇이고. 이자는 됐으니 천 냥만 갚으시오. 돈 마련되거든 찾아오시오."

부자는 이렇게 말하고 가파치의 집에서 나왔다.

위 이야기에서 '천 냥'은 단순하게 돈을 의미하는 것이 아니다. 그것은 기회를 의미하기도 한다. 게으름뱅이는 성의 없는 무례한 말로 부자의 마음을 상하게 만들었다. 자신이 돈을 빌리고 기한 내 갚지도 못했으면서 무례하게 굴자 부자는 화가 나서 이자를 붙이기로 했다. 반면에 가파치는 미안함과 고마움을 정중하게 전함으로써 이자 없이 기한을 연장받게 되었다.

여기서 우리는 어떤 기회를 얻기 위해서는 사람의 마음을 먼저 얻어야 한다는 것을 알 수 있다. 나에게 기회를 주는 것은 결국 사람이다. 우리는 우리에게 기회를 주는 사람들의 마음을 먼저 얻었을 때 우리가 원하는 것을 얻을 수 있다.

상대의 마음을 얻기 위해서는 사람들에게 진심으로 다가갈 수 있어야 한다. 그리고 우리의 생각과 원하는 것에 대하여 솔직하게 표현할 수 있어야 한다. 사람과 사람 사이에 진심이 통하지 않을 때는 없다. 그리고 그 진심을 전할 수 있는 최고의 방법은 내 마음을 담아 상대에게 이야기하는 것이다.

사람의 마음을 얻기 위해 누군가의 말을 따라 할 필요는 없다. 중요한 것은 사람들이 우리에게 마음을 열 정도로 우리가 매력적으로 보여야 한다는 점이다. 우리가 누군가의 말을 따라 한다면 그것은 우리의 모습이 아니기 때문에 아무런 매력이 없다. 지금 현재 나 자신이 원하는 것이 무엇이고, 어떻게 느끼고 있는지에 대해서 솔직하게 말할 수 있어야 한다. 그리고 그 감정을 가장 잘 표현할 수 있는 단어를 사용하여 정중하게 말하는 것이 중요하다. 그렇게 말할 때 우리의 마음이 상대에게 전달될 수 있기 때문이다.

냇가에 앉아 물 위로 작은 조약돌 하나를 던지면 그 돌은 몇 배의 크기가 되어 파장을 일으킨다. 우리의 말도 이와 다르지 않다. 우리가 하는 짧은 한마디는 상대의 가슴으로 다가가 커다란 파장을 일으킨다. 그렇기에 우리는 나에게 도움을 주는 사람들을 내 편으로 끌어당길 수 있도록 좋은 파장을 전달할 수 있어야 한다.

우리에게 기회를 주는 것은 사람이다. 그리고 우리의 기회를 빼앗아 가는 것 또한 사람이다. 우리는 기회를 먼저 생각하기 전에 사람을 먼저 생각할 수 있어야 한다. 그리고 그 사람들의 마음이 나를 향할 수 있도록 그들의 마음을 먼저 얻어야 한다. 사람의 마음을 움직이는 가장 좋은 방법은 진심을 담은 따뜻한 한마디이다. 우리의 느낌과 생각을 솔직하게 표현할 때 사람들은 그 모습에 우리에게 한 번 더 관심을 갖게 된다. 그렇게 사람들이 나의 편이 되어가는 것이다.

이제는 사람을 끌어당길 수 있는 대화를 해야 한다. 지금까지 내가 사용했던 말에 변화를 줌으로써 사람들에게 매력적으로 다가갈 때이다. 그것을 기억하며 지금부터 한마디씩 자신의 말을 바꾸어보기를 바란다. 새로운 말 습관을 만들어감으로써 내일의 기회를 당신의 것으로 만들어갈 모습을 응원한다.

1% 더 삶을 풍요롭게 만드는 대화법

사람을 얻는 대화

1% 더 삶을 풍요롭게 만드는 대화법

사람을 얻는 대화

초판 1쇄 발행 2016년 5월 23일
초판 2쇄 발행 2016년 6월 27일

지은이 김현아
펴낸이 김의수
펴낸곳 레몬북스
등 록 제396-2011-000158호

주 소 (10881) 경기도 파주시 문발로 115 세종출판타운 404호
전 화 070-8886-8767
팩 스 031-955-1580
이메일 kus7777@hanmail.net

© 레몬북스
ISBN 979-11-85257-37-2(03320)

이 도서의 국립중앙도서관 출판예정도서목록(CIP)은 서지정보유통지원시스템 홈페이지(http://seoji.nl.go.kr)와 국가자료공동목록시스템(http://www.nl.go.kr/kolisnet)에서 이용하실 수 있습니다.(CIP제어번호 : 2016011359)